Het Ongeziene Vrouwelijke

In het Hart van God

Het Ongeziene Vrouwelijke

In het Hart van God

Denise Jordan

Contents

Dankwoord

Het was mijn bedoeling dat dit boek tegen het einde van 2007 uit zou komen. Hoe goed bedoeld dat ook was, het heeft tot nu geduurd voordat het naar de drukker gestuurd kon worden. De daaropvolgende jaren hebben mij dieper binnengeleid in de werkelijkheid waar hierover wordt gesproken. Ik durf te stellen dat als ik het nog eens zes jaar had uitgesteld er nog meer zou zijn geweest.

Deze tekst komt vanuit een plek diep binnenin mij Het is het resultaat van de reis die mijn hart heeft gemaakt in haar zoektocht naar het kennen van de volheid van God in alles wat Hij is. Ik dank de dappere mensen die met mij zijn meegereisd en mij hebben aangemoedigd. Ook wil ik mijn dankbaarheid uiten naar degenen die de moed hebben gehad te geloven dat wat ik 'zie' theologisch en leerstellig correct is.

Ik wil ook mijn erkentelijkheid betuigen voor de werken van C.S. Lewis, Brennan Manning, Henri J.M. Nouwen, Katherine Bushnell, Paul Tournier, en Madame Guyon (naast anderen). Hun werken zijn van zeer grote invloed geweest op mijn geestelijke groei en ontwikkeling.

Ik ben zo dankbaar dat ik van dichtbij de liefde en de levenswandel van Jack en Dorothy Winter heb mogen meemaken. Woorden schieten te kort om tot uitdrukking te brengen hoe dit echtpaar mij op het pad van deze ontdekkingsreis heeft gezet. Dorothy was de eerste vrouw die ik ontmoette, die ware kracht bezat met waardigheid en nederigheid. Zij liet mij zien dat het goed was om wat dieper te kijken naar wat over het algemeen verondersteld werd in het toenmalige christendom, en vooral om vraagtekens te zetten bij de destijds heersende opvatting over de rol van de vrouw. Jack en Dorothy waren de eersten die ons lieten zien dat het christelijke leven eenvoudigweg bestaat uit leren een leven te leiden dat gekenmerkt wordt door het liefhebben van God en mensen.

Ik ben ook dankbaar voor het leven en de bediening van Clay en Mary McLean (www.mcleanministries.org). Hoewel ik hen slechts één keer even heb ontmoet, heb ik het onderwijs van Clay over het 'mannelijke en vrouwelijke' en de invloed die het heeft op de gebroken seksualiteit, uitgebreid beluisterd. Zijn werk is van grote invloed geweest op mijn werk.

Het ontstaan van dit boek staat niet op zichzelf. Dit is ook niet de eerste poging om het te schrijven. Er is een plezierig samenkomen van talentvolle mensen met veel inzicht aan vooraf gegaan om het tot stand te brengen. Allereerst wil ik Briar Whitehead bedanken, omdat zij zoveel vertrouwen heeft gehad in dit project en in mij, en voor alle arbeid die zij erin heeft gestopt.

Het manuscript van dit boek heeft een aantal fasen doorlopen en is uiteindelijk tot stand gekomen door de kunde, het geduld en de volharding van mijn vriend en medewerker Stephen Hill. Stephen heeft voor de totstandkoming van deze uitgave gewerkt met aantekeningen, afschriften van preken, opnamen en interviews.

Tot slot wil ik mijn beste vriend en echtgenoot James bedanken voor alle aanmoedigingen die hij mij gegeven heeft gedurende de jaren waarin wij samen hebben opgetrokken.

Denise Jordan
Taupo, 2013

Voorwoord

Dit boek is het resultaat van jarenlang wandelen met God en van betrokkenheid bij mensen die te maken hebben gehad met extreme vormen van persoonlijke gebrokenheid.

Vanaf haar vroege kinderjaren tot aan haar leven als volwassene werd Denise blootgesteld aan veel persoonlijk leed, maar is ze ook iemand geweest die op de bres heeft gestaan voor hen die leed hebben verdragen. Dit varieerde van het als kind schoonmaken en verbinden van de bloedende, in elkaar geslagen dronkaard op straat, tot aan het jarenlang counselen van hen die seksueel misbruikt werden en psychisch in de knoop waren geraakt.

Al zo lang ik haar ken, is Denise de belichaming van iemand die helemaal voor God gaat. Zij is altijd op zoek naar diepere niveaus van de werkelijkheid van God, waardoor de gebrokenen van hart werkelijk genezing kunnen ontvangen. Ik weet dat, omdat ik al meer dan twee-en-veertig jaar haar echtgenoot en metgezel ben op haar reis. In al die jaren heeft zij meer dan eens op mijn leven ingesproken, waardoor ik me af ging vragen of wellicht (in ieder geval voor mij) de Heilige Geest een andere naam heeft gekregen – Denise. Ik kan naar waarheid zeggen dat zij mij al die jaren dat wij samen zijn geweest, niets dan goed heeft gedaan.

Denise heeft ontdekt dat God onze Vader geslacht-overstijgend is, en alles wat de mens is, is afkomstig van Hem; daarom is alles wat mannelijk is en alles wat vrouwelijk is afkomstig van Hem. De weerslag, de gevolgen en de aftakkingen hiervan, zullen een aardverschuiving veroorzaken in de theologie van veel mensen.

Ik vind het soms vermakelijk om de houding te zien die sommige mensen aannemen ten aanzien van vrouwen

in de bediening. We moeten wel in gedachten houden dat
het een vrouw was die als eerste een christelijke waarheid
onderwees. De opstanding van Jezus werd voor de eerste
keer verkondigd door een vrouw. Toen de mannelijke discipelen haar niet geloofden, gaf Jezus hen een fikse uitbrander.
In mijn leven heb ik net zoveel profijt gehad van vrouwen die
mij bediend hebben als van mannen. Maar bovenaan die lijst
staat Denise.

Ik ben ervan overtuigd dat dit boek, dat een weergave is
van veel dat haar rechtstreeks is onderwezen door God, en dat
ze verzameld heeft uit het werk van de diepzinnigste schrijvers
binnen het christendom, ten goede komt aan iedereen die het
leest. Open je hart en je geest, terwijl je leest en onderwerp
je aan Gods onderwijzing. Ik verwacht en geloof dat je een
reuzensprong zult maken in je wandel met God.

M. James Jordan

1 | Een Theologie van het Hart
Interview met Denise Jordan

Toen ik samenwerkte met Denise om dit manuscript samen te stellen, vroeg ik me af hoe ik de lezer kon helpen om toegang te krijgen tot de diepe werkelijkheid en de vraagstukken die in dit boek worden aangekaart. Een voorwoord of een hoofdstuk waarin nadere toelichting wordt gegeven aan het begin zou misschien voldoende zijn geweest, maar de beste manier om dit boek te introduceren is de lezer aan de schrijfster zelf voor te stellen. En dat is wat we gedaan hebben. We begonnen ons tweegesprek met enkele vooropgestelde vragen, maar toen kwamen we erachter dat de Geest al snel onze conversatie begon te verlevendigen. Hij bracht iets tevoorschijn, waarvan ik geloof dat het vol vitaliteit en inzicht is. Ik complimenteer Denise voor de manier waarop ze haar hart geopend heeft, wat het lezen van dit boek tot een verrijkende en vruchtbare ervaring maakt. — Stephen Hill

Stephen Hill. *Om te beginnen, Denise, mag ik je vragen wat er in je hart omging toen je dit boek schreef?*

Denise Jordan. Het is voortgekomen uit mijn eigen levensvragen en uit enkele van de dingen waar ik door de jaren heen mee geworsteld heb. Toen ik opgroeide waren er dingen die lange tijd voor mijn gevoel niet klopten. Zelfs nadat ik mijn leven aan de Heer had gegeven en deel uitmaakte van een echt goede kerk, was er iets dat niet goed aanvoelde. Dit had ik vooral als ik keek naar mijn identiteit als dochter. Ik zag wel dat het oké was voor mannen. De Bijbel staat vol verwijzingen naar broeders en zonen enz. De overgrote meerderheid van Bijbelteksten lijkt te verwijzen naar het mannelijke. Natuurlijk wordt God in de Bijbel beschreven als Vader. De diepliggende vraag die ik had was: 'En de vrouwen dan?' Snap je, ik had gemerkt dat Jezus in Zijn leven en bediening een totaal andere kijk had op hoe je met vrouwen omgaat, dan andere mensen hadden. Ik kon zien dat — omdat Jezus de Zoon van God is en Hij op een volmaakte manier de Vader openbaarde – God een andere kijk op vrouwen had, dan altijd werd afgeschilderd, ook door mijn eigen begrip van de Bijbel.

Het is duidelijk dat jij de weg hebt voorbereid voor dit onderwijs door wie je van binnen bent en ook door je spreken. Jij hebt een stap gedaan die verder voert dan de huidige vorm van bediening waarin jij en James opereren – wanneer jullie op scholen en conferenties spreken – en nu wil jij dit op papier zetten. Wat is er anders geworden, waardoor je er zo duidelijk naar verlangt dit te laten drukken?

Feitelijk komt het hier op neer. Ik heb jarenlang over het moederhart van God gesproken en over de oorlog die door de vijand wordt gevoerd tegen het vrouwelijke, met het duidelijke doel het beeld van God te vernietigen. Wanneer ik hierover sprak op conferenties, seminars en scholen kwam altijd de onvermijdelijke vraag: 'Staat dit ergens in een boek?' Mijn antwoord op die vraag is altijd 'nee' geweest, want het perspectief dat ik onderwijs en hoe ik het presenteer kom je nergens anders tegen voor zover ik weet. Er zijn wel boeken over de plaats van de vrouw in de kerk, die bediscussiëren dat vrouwen moet worden toegestaan in de kerk te spreken, maar in die discussie ben ik niet geïnteresseerd.

Waarom niet?

Omdat volgens mij de kwesties waar het echt om gaat veel fundamenteler zijn dan alleen maar de vraag of het vrouwen moet worden toegestaan om in de kerk te spreken. Dat is bijzaak.

> *Je gaat veel dieper en je krijgt te maken met veel die-perliggende wortels. Je probeert antwoord te krijgen op een vraag die veel fundamenteler is, dan je druk maken over wat de rechten zijn van de vrouw binnen de kerk.*

Precies! Mijn persoonlijke mening is dit: ik denk dat we het niet eens over deze kwestie kunnen hebben, als we niet eerst echt inzien dat God zowel mannelijk als vrouwelijk is en dat we volledig naar Zijn beeld zijn geschapen, zowel mannen als vrouwen. In zeker opzicht zijn wij de weg aan het banen voor een nieuw theologisch gezichtspunt.

> *Ik zou het fijn vinden als je het volgende erin zou betrekken: sommige mensen zeggen dat alles in het ge-schreven Woord staat – het Logos. Hoe rijm je dat met de gedachte van de 'weg banen' voor een nieuwe theologie? Kan je daar iets over zeggen, omdat één van de duidelij-ke uitgangspunten van Fatherheart Ministries is, dat alles wat onderwezen wordt gebaseerd moet zijn op de Schrift? Kan je iets zeggen over wat je bijvoorbeeld on-derwijst over het moederhart van God met betrekking tot het 'gebaseerd zijn op de Bijbel'?*

Iets wat James doet is het volgende; hij houdt de Bijbel omhoog en zegt: 'Er staat meer in dit boek, dan er ooit uit is gekomen!' Dat is zo waar. Alles wat we onderwijzen, is stevig gegrond op de Schrift. Al het nieuwe moet bevestigd worden door drie of vier andere Bijbelverzen. Alles wat wij onderwijzen over het moederhart van God, of over het mannelijke en het vrouwelijke als het volmaakte beeld van God bijvoorbeeld, is gegrond op drie of vier specifieke Bijbelteksten. Dat zeg ik, maar voor mij staat de hele Bijbel er natuurlijk vol van. Als je het eenmaal begint te zien, zie je het overal. Er zijn zeer goede Bijbelse redenen voor de dingen die wij zeggen. Wij zeggen nooit iets nieuws als het niet volledig onderbouwd wordt door de Schrift. Maar zoals jij zegt, theologie is een levend iets. Wanneer het niet levend is en het zich niet blijft ontwikkelen, wordt het wettisch en dood. Ik geloof dat we in een tijd van de geschiedenis zijn aangekomen, waarin God juist deze openbaring naar voren brengt. Hij openbaart meer van zichzelf en geeft ons nieuwe inzichten en een nieuw begrip van wat er allemaal in de wereld gebeurt. God heeft gewacht tot het moment dat er duidelijk behoefte was aan deze openbaring, en die zet Hij nu vrij. Er is nu echt behoefte aan om van de dingen die wij onderwijzen af te weten.

Het is echt een profetische theologie, vanuit het hart en naar het hart van hen die het ontvangen.

Dat is het zeker, ja. Theologie komt niet voort uit objectieve studie. Theologie komt vanuit je hart. Het is een levend iets. Jouw uitleg van de Schrift komt vanuit je hart. Je zal zelfs God tot je horen spreken in overeenstemming met de gesteldheid van je hart.

Zeker, theologie is een groeiend, levend geheel. Als ze een ware theologie is, die uit het hart komt en van God Zelf is, dan wordt ze in die zin voortdurend geschapen.

God is voortdurend bezig meer van zichzelf aan ons te openbaren. Zijn woorden zijn 'nieuw elke morgen!' De Schrift zegt dat Hij niet verandert, maar dat Hij nieuw is voor ons, telkens wanneer Hij meer van zichzelf aan ons openbaart.

De theologische reacties op het onderwijs zeggen dus meestal iets over de gesteldheid van het hart van mensen en de gevestigde geloofssystemen?

Dat geloof ik echt. Als wij onderwijzen over het moederhart van God, raken we emoties aan die buitengewoon diep liggen. Er is moed voor nodig om iets te omarmen dat misschien nieuw is, als je veel pijn ervaart. Een afwerende houding kan zijn dat men zegt dat de theologie niet deugt. Wanneer wij dit onderwijzen, weerspreken we ook een overheersende theologie, die sterk gebaseerd is op vrouwenhaat. Wij stellen vanuit de Bijbel vast dat God zowel mannelijk als vrouwelijk is.

> *Jouw startpunt is dus de mate van inzicht die je hebt ten aanzien van het beeld van God. Daarbij ga je uit van de eerste hoofdstukken van Genesis, dat de mens geschapen is naar het beeld van God – mannelijk en vrouwelijk schiep Hij hen. Dat is in wezen het beginpunt dat je neemt. Je ziet het 'beeld' en daar vandaan ga je terug naar de werkelijkheid van de aard van God, die zowel het mannelijke als vrouwelijke bevat. Is dat waar?*

Zeker. Zo is het inderdaad gegaan. Het is belangrijk voor authentieke theologie dat ze haar oorsprong vindt in Genesis – het boek over het begin. Het besef dat het volledige beeld van God zowel mannelijk als vrouwelijk is, wordt vanaf het begin van het eerste boek van de Bijbel duidelijk neergezet. Na dat te hebben gezegd, moet ik erkennen dat er nog iets anders in die periode in mijn hart plaatsvond. Rond 1980 maakte ik een periode van diepe genezing mee in mijn eigen leven. En omdat ik in mijn leven enkele dingen had meegemaakt, vond ik het erg moeilijk om dichtbij en intiem met God te zijn als een 'man'. Ik zag dat zo door wat ik had meegemaakt, en dat was heel pijnlijk en negatief geweest. Ik vond het heel moeilijk om mijn hart helemaal voor God als Vader te openen. Ik geloof dat veel vrouwen dat probleem hebben, en dat is heel begrijpelijk – omdat zij soms ernstig gewond en beschadigd zijn. Zelfs door het woordgebruik in de Schrift kunnen vrouwen die onbegrip en verwerping met zich meedragen in afzondering terechtkomen. Het is erg beangstigend voor een vrouw die misbruikt is om haar hart te openen voor wat een 'mannelijke' God blijkt te zijn. Zo was het voor mij. Ik riep het uit tot God en zei: 'Was U maar een moeder! Dan zou ik dichterbij kunnen komen en U kunnen vertrouwen!'

> *Dit is eigenlijk een zaak van het hart. Veel mensen vinden het moeilijk om God zowel mannelijk als vrouwelijk te zien. Dit komt door een te verstandelijke benadering, maar het gaat om het hart. Wat jij zegt, is dat de pijn en de nood in je hart de toegangspoort werd om deze openbaring van het moederhart van God te kunnen ontvangen.*

Ja, God komt ons tegemoet op het punt waar we ons bevinden. Hij ziet de toestand van ons hart. Theologisch inzicht op zich zal de pijn in ons hart niet verdrijven.

> *Ben je dit gaan zien voordat je de waarheid zag dat 'het beeld' zowel mannelijk als vrouwelijk is? Was de oorspronkelijke katalysator — om zo te zeggen — de behoefte aan de moederlijke liefde van God?*

Ja. Het was de schreeuw om de vertroostende en verzorgende liefde van God. Het was de zoektocht naar wat dan ook in God dat zacht is, naar het koesterende en vertroostende, naar dat wat zo kenmerkend is voor het vrouwelijke. Dat was wat mij aanzette tot deze zoektocht. Maar het duurde nog eens tien jaar, voordat God me liet zien wat het 'beeld begrijpen' inhield. Dat Hij inderdaad als een moeder is, net zo goed als dat Hij een Vader is, in Zijn relatie tot ons in ons hart.

> *Je begon dus met een zoektocht van je hart, en die leidde je terug naar de oorsprong van Zijn beeld – openbarend wie Hij werkelijk is.*

Zeker, dat is een goede omschrijving hiervan.

> *Doe je dat bewust, de onderwerpen in een bepaalde volgorde presenteren?*

Meestal, wanneer ik onderwijs geef, begin ik met onderwijs over het beeld van God. Ik stel vast dat God zowel mannelijk als vrouwelijk is. En dat leidt me tot het geven van onderwijs over vrouwenhaat. Tenslotte eindig ik met het moederhart, omdat ik het gevoel heb dat veel muren van weerstand tegen die tijd al zijn afgebroken – de weerstand tegen de gedachte dat God een moederlijk hart heeft.

In je onderwijs gebruik je vaak het woord 'misogynie'.
Kun je daar een definitie van geven?

Het woord komt uit het Grieks, en betekent gewoon 'haat tegen vrouwen'.[1] Maar ik wil die definitie uitbreiden naar 'haat tegen het vrouwelijke', om redenen die in dit boek worden duidelijk gemaakt.

Hoe belangrijk is het onderwijs over het moederhart van
God op de scholen van Fatherheart Ministries?

Wij vinden dat het onderwijs over het moederhart van God een heel belangrijke sleutel is, om mensen te helpen hun hart open te zetten om Vaders liefde te ontvangen. Als Zijn liefde voor ons alleen maar een mannelijke, overheersende soort van liefde is, zoals zij vaak aan ons wordt gepresenteerd – is het in feite onmogelijk om je hart open te zetten om de liefde van een wetgever en rechter te ontvangen. Maar je kunt je hart wel openen voor de liefde van een moeder, of voor Degene die naar je toekomt als een liefhebbende Vader, die anders is dan een aardse vader. Veel mensen vinden het moeilijk hun hart open te zetten voor een mannelijk persoon als ze overwegend geloven dat God alleen maar mannelijk is. Het beeld dat men van mannelijkheid heeft gekregen, heeft zich gevormd door toedoen van het wereldsysteem, door de zondeval en door mannen in hun eigen leven, soms inclusief

---

1. Grieks, *Misogunia* 'vrouwenhater', van *miso* voor 'haat', en *'gyne'* wat 'vrouw' betekent.

hun eigen vader. Ik spreek nu op het niveau van het hart, over wat mensen ervaren hebben, niet over hun theologie. Het gaan begrijpen dat de diepte van Gods hart, het hart is wat de meesten onder ons zouden toeschrijven aan een liefhebbende en meelevende moeder, is echt een goed hulpmiddel om ons hart open te stellen voor de Vader. We hebben heel vaak gezien dat dit het moment is waarop we een doorbraak ervaren, en tegen die tijd hebben we al een fundament gelegd voor de openbaring van God als Vader.

> *De 'moeder kwestie' is van fundamenteel belang, nietwaar?*

Inderdaad. Het onderwerp troost (dat God gebruikt in de vrouwelijke taal van Jesaja 66:13) is zo fundamenteel, omdat ons leven als mens begint in de schoot van onze moeder. Het is mogelijk dat er een vader aanwezig is, of niet, maar ons leven begint in de moederschoot. Daar kom je niet onderuit. Er moet eerst aandacht worden besteed aan het ontbreken van moederlijke liefde en troost, voordat de vaderlijke zorg kan binnenkomen.

> *Het lijkt erop dat het punt 'troost' tegenwoordig één van de belangrijkste behoeften is – zowel voor christenen als voor niet-christenen.*

Ja. In feite is het zo, dat toen ik voor het eerst over het moederhart van God sprak en Jack Winter hoorde hoe ik het onder woorden bracht, zijn commentaar was: 'Misschien is wat wij genoemd hebben 'de bediening van de liefde van de Vader' een bediening geweest van Zijn moederlijke liefde.' Jack heeft jarenlang liefde en troost bediend. Hij heeft zelfs gezegd dat God een moederlijke liefde heeft, maar hij heeft het nooit onder woorden gebracht op de manier zoals wij het doen. Het is vooral de moeder, die de kinderen troost. Hoewel het mandaat van onze bediening door de jaren heen is toegenomen, voel ik nog steeds dat de uitspraak van Jack van fundamenteel belang was.

> *We zouden kunnen zeggen dat het een profetische boodschap is. Wat betekent het voor jou, dat je profetisch bent?*

Ik zou mezelf niet 'profetisch' willen noemen of beweren dat het profetisch is, maar ik wil wel dit zeggen, iemand heeft eens gezegd: 'Het hoofd heeft kennis die het hart niet heeft, en het hart heeft kennis die het hoofd niet heeft.'[2] Ik denk dat dit boek een waarheid en realiteit naar voren brengt, die eigenlijk alleen door het hart verstaan kan worden. Het hart zal resoneren met de waarheid die ik onder woorden breng. Veel mensen geloven die in hun hart, maar hun verstand vertelt hen dat het eigenlijk te mooi is om waar te zijn, of hun theologie geeft hen die ruimte niet. Om het nog eens te zeggen – ik geloof niet dat het zozeer 'profetisch' is, als wel dat het 'kennis met je hart' is.

> *Om het even duidelijk te stellen, het is meer kennis vanuit je hart, dan dat je uitgesproken profetisch bent op de manier zoals we het woord 'profetisch' opvatten.*

Het woord 'profetisch' wordt de afgelopen twintig jaar wat al te vaak gebruikt, vind je niet? Het wordt zo vaak gebruikt, dat ik het zelf liever niet gebruik.

> *Gaat het te ver om het vrouwelijke een plaats te geven binnenin het hart en wezen van God?*

Wij zeggen dat God dingen geboren laat worden. Hij heeft geboorte gegeven aan de schepping. Om iets geboren te laten worden, heb je vrouwelijkheid nodig. Wanneer we zeggen dat

---

2. Het zou een verwijzing kunnen zijn naar de spreuk van Blaise Pascal: 'Het hart heeft zo haar redenen die het verstand niet kan doorgronden.'

de geest het diepste deel is van wie we zijn – in de Bijbel staat dat God Geest is en het woord voor 'geest' in het Hebreeuws is vrouwelijk voor wat het geslacht betreft. De eigenschappen daarvan vind je in Galaten – de vruchten van de Geest zijn wat je meestal toeschrijft aan het vrouwelijke. Het is Zijn hartsverlangen, dat wij tot Hem komen door onze geest te verbinden met Zijn Geest.

C.S. Lewis heeft gezegd dat God zo mannelijk is, dat wij voor Hem één en al vrouwelijk zijn (of iets van die strekking). Dat lijkt in tegenspraak met wat jij zegt. Kan je proberen uit te leggen waarom die twee paradigma's waar zijn?

Volgens mij maakt C.S. Lewis die opmerking om één reden – alleen God heeft de macht om iets in werking te stellen. Hij is het Begin en dat aspect maakt Hem mannelijk – meer dan alle andere dingen. Maar als je kijkt naar Gods verlangen naar intieme relatie, dan is dat echt vrouwelijk. Wij zijn vrouwelijk voor Hem, omdat wij alleen maar kunnen reageren op Zijn initiatief, maar Hij verlangt ernaar om een diepe intimiteit van hart tot hart met ons te hebben, en dat kunnen we definiëren als een vrouwelijke eigenschap.

Zal dit begrip mensen een nieuw gevoel van vrijheid geven? Wat zal het uitwerken in het hart van de mens als hij naar God kijkt in Zijn vrouwelijkheid?

Ik geloof echt dat als we weten dat we geliefd zijn en we liefde ervaren – dat dat ons volkomen menselijk maakt. En wanneer we volkomen mens zijn, zijn we vol leven – beleven we het leven, genieten we van het leven, genieten we van relaties. Ik geloof dat we niet kunnen ontkennen, dat heel veel mensen op deze wereld op zoek zijn naar liefde. Alles waar mensen zich door laten meeslepen – de bekende verslavingen, maar ook verslaafd zijn aan dingen als werk of winkelen –

dient om te maskeren dat er een enorme behoefte is aan je geliefd en te bemind voelen. Het verlangen en de behoefte die we hebben aan geliefd zijn, heeft God al in ons gelegd, zodat Hij die kan vervullen. Zolang wij naar Hem blijven kijken door de oude bril van de eigenschappen van de 'gevallen mannelijke' mens, zal dit nooit gebeuren. Dit is waarom een juist begrip van wat vrouwenhaat betekent zo belangrijk is, omdat er een meesterbrein is, die er alles aan doet ons ervan te weerhouden te weten wie God werkelijk is.

Je bedoelt dat het diepe verlangen dat we in ons hart hebben, een weerspiegeling is van Gods eigen natuur? Als ik bijvoorbeeld ontzettend verlang naar de troostrijke liefde van een moeder, kan ik dit alleen in mijn hart voelen, omdat er een antwoord op is in God zelf.

Dat is precies wat ik bedoel. We kunnen alleen ergens behoefte aan hebben en ergens naar verlangen, als het eerst in God Zelf aanwezig is en alleen door Hem vervuld kan worden.

Dat doet me denken aan de theologische term 'antropomorfisme'. Dat betekent dat we menselijke eigenschappen projecteren op God, om ons te helpen Hem te begrijpen. Maar, er is ook een andere term 'theomorfisme', en dat betekent dat alle menselijke eigenschappen (natuurlijk niet die vanuit de zondeval) een weerspiegeling zijn van wat al in God aanwezig is.

Absoluut.

In die zin is dus alles in de mensheid wat niet voortkomt uit de zondeval naar het beeld van wat al in God aanwezig is.

Dat geloof ik met heel mijn hart. Ik zou het niet anders kunnen zien. Peter Kreeft citeert C.S. Lewis in zijn boek

'Heaven: The Heart's Deepest Longing' en zegt zoiets als: 'Soms denk ik dat we niet genoeg bij de hemel stilstaan, en soms denk ik dat we aan niets anders denken.'[3] De hele vooronderstelling van het boek is, dat ons hart geschapen is voor de hemel. Hij vraagt bijvoorbeeld: 'Waarom jagen we naar volmaaktheid, als we nog nooit iets hebben gezien dat volmaakt is?' Toch gaan we er maar mee door, omdat iets in ons hart zegt dat het bestaat. Zijn hele boek is een prachtig geschreven geloofsverdediging. Ik geloof dat de dingen waar we naar verlangen en die we nooit ontvangen, bestaan als – om Peter Kreeft 's uitdrukking te gebruiken – 'hemelse fluisteringen' Ik houd van die uitdrukking – het zijn fluisteringen uit de hemel. Peter Kreeft gebruikt onder meer het voorbeeld van romantische liefde. Romantische liefde is zo ongrijpbaar – je jaagt het na en misschien dat het voor een kort ogenblik bevredigt, maar eigenlijk is het een vleugje uit de hemel. Opeens ziet ons hart iets en we rennen het achterna, maar waar we werkelijk naar op zoek zijn is de hemel, naar die ervaring van leven in God.

> *Kan je mij vertellen welke schrijvers de meeste invloed op jou hebben gehad, voor wat betreft jouw theologie van het hart en je onderwijs?*

Op de eerste plaats zou ik willen noemen wijlen Brennan Manning, omdat hij een man was die zich erg bewust was van zijn eigen gebrokenheid en toch zachtmoedig genoeg van geest was om God te geloven. Hij vond een God die volmaakt liefhad en zorgzaam was, een God die steeds opnieuw de gelegenheid zou geven voor herstel. Brennan Manning ontving daardoor een diepe kennis en begrip van Gods hart. Als hij

---

3. 'Er zijn momenten geweest dat we niet verlangden naar de hemel, maar het gebeurde vaker dat ik me afvroeg of diep in ons hart wij ooit naar iets anders hebben verlangd' zoals Peter Kreeft citeert in Heaven: *The Heart's Deepest Longing (Uitgebreide uitgave)* Ignatius Press, 1989).

schreef waren zijn woorden vol zachtmoedigheid waardoor hij mensen zoveel hoop kon geven.

Ik moet ook zeggen dat het werk van C.S. Lewis een grote invloed op mij heeft gehad. Ik geloof dat hij iemand is geweest, die de hemel echt heeft gezien. Als kleine jongen groeide hij op in een omgeving van grote eenzaamheid en afwijzing, maar hij vond een plek in God zelf waar hij thuis was. Wat hij geschreven heeft, heeft mij echt naar een ander niveau geleid en mijn ogen geopend voor een andere dimensie.

Een andere schrijver is Henri Nouwen. Ik houd van zijn werk, om dezelfde redenen als dat ik van Brennan Manning houd.

Een schrijver waar ik echt van houd is Peter Kreeft. Onderdeel van zijn levenswerk is schrijven over het denken van C.S. Lewis en dat uit te leggen. Ik heb veel van hem ontvangen.

Als het gaat over counseling en innerlijke genezing enz., heb ik veel gelezen van Paul Tournier. Ook hij was iemand die veel heeft verloren in zijn leven, maar die echt God zocht om in zijn noden te voorzien. Hij was buitengewoon zachtmoedig en bewogen naar mensen toe. Zijn boeken zijn zeer inzicht gevend en volledig vrij van oordeel. Hij begreep de menselijke gesteldheid met een grote mate van bewogenheid.

Ik heb ook veel gelezen van Leanne Payne, vooral toen ik betrokken was bij Living Waters . Zij heeft op een heel diep niveau geschreven over het mannelijke en het vrouwelijke en heeft veel ontleend aan de geschriften van C.S. Lewis.

De geschriften van Madame Guyon hebben een enorme invloed op de ontwikkeling van mijn geestelijk leven gehad. Deze vrouw heeft in een buitengewoon moeilijke situatie geleefd. Ze werd gekweld door haar echtgenoot, verloor haar kinderen, werd verworpen en in de gevangenis geworpen. Ze leed onbeschrijfelijk veel verdriet in haar leven, maar dat overwon ze allemaal door steeds dieper in God te gaan. Ze had een complete theologie over het lijden. Haar hele leven en boodschap ging over de vertroosting die je kunt vinden in Jezus.

Wanneer heb jij een openbaring en ervaring van Gods moederlijke liefde ontvangen? Ik probeer een indruk te krijgen van het tijdpad in relatie tot je leven en bediening.

Ik denk dat ik het eerst theologisch begon te zien, voordat ik echt de ervaring kreeg dat Hij als een moeder van mij houdt, met die echte zorgzame, koesterende liefde.

Veel hiervan is niet meteen duidelijk als je de Bijbel erop openslaat en gaat lezen. Zoveel mensen denken daarom op een bepaalde manier over God, maar toen jij deze geweldige liefde van God begon te ervaren ging je de dingen in een heel ander licht zien. In die zin kreeg je een totaal nieuwe theologie. Soms vraag ik me af waarom het niet ronduit in de geschreven tekst staat. Kan je daar iets over zeggen?

Er bestaat een verwijzing naar 'een God die zichzelf verborgen houdt', een God die het fijn vindt om gevonden te worden door hen die Hem zoeken. Hij heeft iets in ons gelegd, dat het fijn vindt om dingen uit te zoeken en dat van mysteries houdt. Dat is onderdeel ervan.

Er is nog iets. In deze bediening hebben we het vaak over de twee bomen – de boom van leven en de boom van kennis van goed en kwaad. De boom van kennis van goed en kwaad slaat op wat Jezus tegen de Farizeeërs zei in Johannes 5:39: 'Jullie onderzoeken de Schriften, want jullie denken daardoor eeuwig leven te ontvangen, en die zijn het die van Mij getuigen.' Dit zal je niet in de Schrift vinden, tenzij je van de juiste boom eet!

Wanneer je eet van de boom van leven – van die plek van liefde, van die ervaring van dat je geliefd bent – krijg je diepere openbaringen.

Nu begrijp ik wat Jezus bedoelde, toen Hij zei dat er veel dingen waren die Hij graag aan Zijn discipelen zou willen vertellen, maar dat Hij dat niet kon doen, omdat zij het niet zouden kunnen verdragen. Ik denk dat als Hij die wel zou hebben verteld, de woorden misschien ketters hadden geklonken voor hen in hun wettische cultuur. Maar, zie je, de liefde ziet dingen anders. Paulus zei over zijn ervaring in de derde hemel, dat hij dingen had gehoord die 'niet geoorloofd waren te uiten.' Je zou het zo op kunnen vatten, dat het hem niet geoorloofd was om erover te spreken, maar ik geloof dat het ging over de inhoud van wat er werd gezegd – dat het veel verder ging dan 'de wet' – het zou verkeerd klinken voor het religieuze denken.

Zei Paulus niet: 'alle dingen zijn mij geoorloofd, maar niet alle dingen zijn nuttig.' (I Korinthe 6:12), en: 'Alle dingen zijn wel rein voor hen die rein zijn?' (Titus 1:15). Dat zijn vergaande en schokkende uitspraken, als je er goed over nadenkt! Hij had het over iets dat verder reikte dan de kennis van goed en kwaad. De boom van kennis van goed en kwaad geeft heel duidelijke definities en grenzen aan, maar voor de boom van leven is het enige dat geldt: de liefde en welke uitwerking die heeft op de ander.

De boom van leven werpt een totaal ander licht op alles. Ik wilde wel dat ik de Schrift altijd door die lens zag, maar dat is mijn hoop. Soms gebeurt het dat ik terugkeer naar het eten van de boom van leven en dan denk ik: 'Nu zie ik het'. Dan zie ik de werkelijke betekenis van de Schrift. We kunnen het nog niet meteen onderwijzen, omdat wij (het Lichaam van Christus) er nog niet klaar voor zijn om het te horen.

> *Wat kan je wel communiceren? Waar kan je wel over spreken? Waar kan je wel over schrijven? Waar begin je mee?*

Zelfs als ik spreek wil ik niet verder gaan dan wat mijn toehoorders aankunnen. Ik wil dat de lezers van dit boek in staat zullen zijn om te begrijpen en te ontvangen wat ik probeer over te brengen met Gods hulp. Als ik niet met mensen communiceer op het punt waar zij zich bevinden, beroof ik hen van het goede dat in dit boek te vinden is. Iets wat ik heb geleerd van iemand die veel invloed op ons leven heeft gehad, was dat hij insprak op het punt waar wij waren. Tegelijk was er een diepte in hem die op de een of andere manier het gevoel overbracht, dat er nog heel wat meer was wat hij niet vertelde. Het maakte me hongerig. Ik dacht: 'Ik wil weten wat hij weet. Hij vertelt ons niet alles. Wat zegt hij niet?' Zo wil ik communiceren. Ik wil honger opwekken in de mensen, zodat zij zelf op onderzoek uit gaan.

> *Maak jij je zorgen dat er kritiek geuit zal worden op wat jij zegt, of dat er afbreuk aan gedaan wordt?*

Nee, daar maak ik me geen zorgen over, omdat ik geloof dat openbaring zich altijd blijft ontvouwen. Zoals ik al eerder zei, theologie is iets levends. Als het dat niet is, is het dode religie.

Ik heb ook gemerkt, door de jaren heen, dat sommige mensen het eens kunnen zijn met een bepaalde theologie en oneens met een andere. Er zijn veel theologische scholen en veel gezichtspunten, die allemaal gebaseerd zijn op de Schrift en Bijbels verdedigd kunnen worden – wat ook van deze gezegd kan worden! Dit onderwijs is niet iets compleet anders. Je kunt het op een gezonde en solide manier verifiëren in de Schrift. Ik voel me er erg op mijn gemak bij in mijn geest en de Schrift ondersteunt het.

Tot slot, Denise, wat hoop je dat dit boek zal uitwerken?
Wat voor impact zou je willen dat het heeft?

Wat mij bezighoudt is de manier waarop wij altijd naar God gekeken hebben, en als gevolg daarvan de manier waarop we met Hem in relatie zijn geweest. Als je kijkt naar het 'gevallen mannelijke' en het 'gevallen vrouwelijke' – dan hebben we de neiging gehad om God heel erg te zien in termen van het 'gevallen mannelijke' – boos, controlerend, ongevoelig, wreed, veroordelend, dominant, enz. Iemand die je straft om het minste of geringste wat je verkeerd doet. Dat is één van de problemen geweest van het God alleen als mannelijk zien. We hebben Hem nog niet eens gezien in de juiste betekenis van het ware mannelijke. Het historische christendom, en feitelijk veel van de grote theologen die ons geloofssysteem hebben vorm gegeven (of we ons daarvan nu bewust zijn of niet), hebben God gezien vanuit een perspectief dat is aangetast door de zondeval. Wij hebben hem gezien door het paradigma van ons eigen gevallen-zijn. Ik wil dat men Zijn tederheid en bewogenheid gaat leren kennen. De Bijbel staat propvol van deze woorden, maar ze zijn zo verborgen omdat wij bevooroordeeld zijn in ons denken en omdat we Hem zien vanuit dit verstoorde, overwegend mannelijke gezichtspunt. Mijn reis is mijn eigen verlangen geweest om een God te ontmoeten die mij nooit zou verlaten, die mij nooit zou veroordelen en ik wil dat men die realiteit zal zien. Voor velen onder ons is het onze moeder die ons bijstaat als het erop aankomt in ons leven. Mijn gevoel is, dat als we weten dat God in die zin ook een moeder voor ons is, we ons veel zekerder zouden voelen in onze relatie met Hem. Dat is mijn hoop.

2 | Het Herstel van het Beeld van God

Maar tot op dit moment had hij de werkelijkheid nog nooit gezien. Nu zag hij dit levende Paradijs, de Heer en de Dame, als de oplossing van de disharmonie, de brug die de kloof in de schepping overspant, de sluitsteen van de hele boog. — C.S. Lewis

Deze liefde verenigt wat de zonde vaneen scheidt:
Het middelpunt waar alle zaligheid woont…
—Madame Guyon

Als ik terugkijk naar de dingen die God James en mij heeft geleerd (de dingen van waaruit ons leven en onze bediening voortvloeit), zie ik dat Hij ons iedere keer weer heeft teruggeleid naar Genesis, het 'boek van het begin'. Hij heeft ons teruggeleid naar die eerste hoofdstukken, naar het verslag van de schepping, naar de zondeval, en naar wat er met onze voorvaders is gebeurd in de Hof. Wij geloven met ons hele hart dat het de bedoeling is van de Vader, om ieder persoon herstel te brengen van die kwaliteit van leven en relatie, als waar de mens aanvankelijk van heeft kunnen genieten met God in de Hof. Dat zou een goed begin zijn, nietwaar? Maar dat zou nog maar het begin zijn! Ik geloof dat Gods voornemen zich in feite veel verder uitstrekt, dan herstellen wat door de Zondeval verloren is geraakt.

Toen James en ik beter gingen begrijpen wat 'het beeld van God' betekent, vonden wij dat het van onschatbare waarde was, in die zin dat het ons uitzicht gaf op het leven zoals God het oorspronkelijk bedoeld had. Begrip krijgen van wat het betekent om naar Gods beeld geschapen te zijn, brengt een rijker en vollediger perspectief van waaruit we onszelf als menselijke wezens kunnen bezien. Een perspectief op onze relatie met God en Zijn eeuwige bedoelingen voor onze relatie met Hem.

In Genesis 1:26-27 lezen we:

En God zei: 'Laten Wij mensen maken naar Ons beeld, naar Onze gelijkenis; en laten zij heersen over de vissen van de zee, over de vogels in de lucht, over het vee, over heel de aarde, en over al de kruipende dieren die over de aarde kruipen.' En God schiep de mens dus naar Zijn eigen beeld, naar het beeld van God schiep Hij hem; man en vrouw schiep Hij hen.

Deze verzen zijn natuurlijk erg bekend. Zo bekend als ze ook mogen zijn, ze hebben een enorme betekenis. Meteen vanaf het begin is het heel belangrijk om te begrijpen dat het Hebreeuwse woord *'adam/mens'* in vers 26 een generiek, algemeen woord is dat 'mensheid' betekent, waarmee zowel man als vrouw wordt bedoeld. Dit vers spreekt over het voornemen van God voorafgaand aan de schepping. Zijn voornemen was, om de mens zowel mannelijk als vrouwelijk te scheppen.

Uit dit gedeelte van het verhaal kunnen we duidelijk opmaken dat God een beeld wilde scheppen van zichzelf, iets dat nauwkeurig de aard en de persoonlijkheid van de Schepper zou weergeven in zijn eigen leefomgeving. Ook zien we dat toen God een beeld van zichzelf wilde scheppen, Hij zowel de man als de vrouw schiep. Met andere woorden, er is zowel een man *als een* vrouw voor nodig om het volledige beeld van God te tonen. In tegenstelling tot de gangbare theologie en de culturele normen in de geschiedenis, is het beeld van God *niet* alleen maar een mannelijk beeld of alleen maar van toepassing op de man. Het beeld van God wordt getoond door zowel de man als de vrouw.

Nog een cruciaal punt dat we moeten begrijpen, is dat de opdracht om te heersen niet alleen aan de man is gegeven, en die werd ook niet alleen aan de vrouw gegeven. De opdracht en het gezag om te heersen werd gegeven aan het *beeld van God*. God heeft het mandaat om te heersen aan de man en de vrouw samen gegeven. Nog een goede reden om nog eens te kijken naar de eerste hoofdstukken van Genesis, is vanwege wat genoemd wordt 'de wet van de eerste vermelding.' Dat is een theologisch principe, waarbij gekeken wordt naar de eerste keer dat iets vermeld wordt in de Bijbel. Hoe dichter bij het begin we iets zien, hoe meer gezag het heeft. We zie Gods bedoeling daarom heel duidelijk onder woorden gebracht in het boek Genesis. In het allereerste hoofdstuk van het eerste boek zien we dat God gezag gaf aan Zijn beeld, waardoor Hij een precedent vaststelde. Jammer genoeg werd dit verdoezeld door vele eeuwen van vrouwenhaat. In toenemende mate zien we dat God deze gang van zaken terugdraait door openbaring te geven, waardoor de leugens van de vijand aan het licht worden gebracht.

Nu we deze opening en deze fundamentele uitspraken hebben, is er nog een heel belangrijk punt dat bekrachtigt wat ik zeg. Als ik de woorden 'mannelijk' en 'vrouwelijk' gebruik, heb ik het niet in de eerste plaats over het biologische aspect en hun seksuele eigenschappen. Mannelijkheid en vrouwelijkheid gaan veel dieper en reiken veel verder dan alleen het biologische aspect. Dit zal duidelijker worden wanneer je dit hoofdstuk leest. Wat ik wil zeggen is dat 'mannelijkheid' en 'vrouwelijkheid' een meer omvattende realiteit is. De seksualiteit van de man en de vrouw zijn daar als het ware slechts een onderdeel van. Om met de woorden van C.S. Lewis te spreken: 'Geslacht is een realiteit, een fundamentelere realiteit dan seks.' [1]

Er bestaat een grotere realiteit van God die in ons tot uiting komt, dan onze fysieke eigenschappen. Dat is een realiteit die tot uiting wordt gebracht in ons allen – in ons lichaam, onze ziel en onze geest. Gods beeld kunnen we dus nauwkeuriger omschrijven met de woorden 'mannelijkheid' en 'vrouwelijkheid.'

Binnenin ons hebben we allemaal zowel Gods mannelijkheid als Gods vrouwelijkheid – en daardoor zijn we geschapen naar Zijn gelijkenis. Wat ons menselijk maakt, is dat zowel het mannelijke als het vrouwelijke in een lichaam is vervat. Over het algemeen gesproken bezit het vrouwelijke geslacht meer van Gods vrouwelijkheid en bezit het mannelijke geslacht meer van Gods mannelijkheid, maar ik wil ervoor oppassen om niet al te orthodox of cliché over te komen. Het evenwicht tussen mannelijkheid en vrouwelijkheid binnenin iemand kan je moeilijk definiëren of in een hokje stoppen. Ieder persoon is door God geschapen met zijn of haar unieke balans van mannelijkheid en vrouwelijkheid. Als je probeert een te strakke definitie te geven van hoe een man of vrouw zou moeten zijn, zou dat ervoor kunnen

---

1. C.S. Lewis gaat verder in deze passage uit *Perelandra* (uitgeverij Kok, Kampen 2006): 'Seksualiteit is in feite slechts een toepassing op het organische leven van een fundamentele tweepoligheid die een verdeling aanbrengt tussen alle geschapen wezens. Vrouwelijke seksualiteit is maar één van de dingen die van het vrouwelijk geslacht zijn; er zijn er nog veel meer, en het Mannelijke en Vrouwelijke komen we tegen in gebieden van de werkelijkheid waar het verschil tussen mannen en vrouwen geen enkele zin of betekenis heeft. Het Mannelijke is geen verwaterde man, het Vrouwelijke geen verwaterde vrouw. Integendeel, de mannetjes en wijfjes van organische schepselen zijn zwakke en doffe afspiegelingen van het mannelijk of het vrouwelijk geslacht. De voortplantingsfuncties en de verschillen in kracht en grootte zijn ten dele een uiting maar ten dele ook een verdoezeling en verbastering van de echte polariteit.' Pag. 280. Er is een flinke paragraaf gewijd aan deze gedachte over het mannelijke en vrouwelijke in dit deel van het boek.

zorgen dat we het unieke van hoe God elk kind van Hem heeft geschapen, niet meer waarderen.[2] Dat is alles wat ik hierover wil zeggen op dit moment, omdat het allemaal wel duidelijker zal worden als je verder leest.

Of je nu een man bent of een vrouw, God heeft Zijn mannelijke en vrouwelijke eigenschappen in een ieder van ons gelegd. Toen God tot uitdrukking wilde laten komen Wie Hij is in Zijn schepping, deed Hij dat door zowel een man als een vrouw te scheppen, om op die manier zowel Zijn mannelijkheid als zijn vrouwelijkheid uit te drukken.

Ik zal het even herhalen; God is niet alleen mannelijk. Hij is mannelijk *en* vrouwelijk. Over het algemeen spreken we over God als 'Hij', maar dat slaat niet op Zijn geslacht. Het is waar dat Jezus een man was, maar wat ik wil zeggen, is dat God zowel mannelijke als vrouwelijke eigenschappen heeft en Genesis maakt dat heel duidelijk.

Het zou ook niet juist zijn om te beweren dat God zonder geslacht is, een 'geslachtsloos wezen', om zo te zeggen. God is Geest – dat is waar – maar deze passage in Genesis maakt duidelijk, dat mannelijkheid en vrouwelijkheid beiden in het wezen van God te vinden zijn. Dat is beter dan dat je zegt dat God *geen* geslacht heeft. Het zou correcter zijn, als je zegt dat God geslacht overstijgend is. Eigenlijk is het zo dat Hij *alle* eigenschappen van het mannelijke en het vrouwelijke in Zijn goddelijke natuur heeft.

---

2.   De beroemde arts en schrijver Dr. Paul Tournier schrijft: '…we weten dat er iets mannelijks en iets vrouwelijks in ieder menselijk wezen zit, zowel bij een man als bij een vrouw. Er zijn mannen die een sociale fijngevoeligheid hebben, en je hebt vrouwen die aanleg hebben voor techniek en dingen. Het complementaire van de seksen geldt niet alleen voor het uiterlijk bij mannen en vrouwen, maar slaat ook op het innerlijk, tussen de twee tendensen die we in een ieder van ons aantreffen'. Uit *'The Gift of Feeling'* (De gave van gevoel), Uitgever John Knox, 1979.

Om ons hierin te helpen, is het van belang dat we beseffen, dat God niets in de mensheid geschapen heeft dat niet in Zijn beeld was te vinden. Sta daar eens even bij stil. Toen God de man en de vrouw schiep vóór de zondeval, was er toen ook maar iets in hen dat niet naar Zijn beeld was? Nee! Er was niets in de man of de vrouw dat niet een uitdrukking was van Gods beeld, voordat ze werden misleid door de slang en uit de Hof werden gedreven. Hij was doelbewust bezig toen Hij aan Zijn beeld de opdracht gaf om te heersen over de aarde, zowel mannelijk als vrouwelijk. In tegenstelling tot wat velen geloven, was het niet alleen de man die dat mandaat kreeg om over de aarde te heersen en gezag uit te oefenen. Beiden, man en vrouw, werden aangesteld om samen heerschappij uit te oefenen over de geschapen orde door de autoriteit van liefde, die versterkt werd door hun samenwerking. Veel theologen en kerkelijke stromingen hebben niet in de Schrift gezien dat vrouwen het recht hebben om samen met de man te heersen. Deze passage in Genesis stelt heel duidelijk en specifiek deze misvatting aan de orde, en ontmaskert die als fundamenteel ondeugdelijk.

Wat zijn de kenmerkende eigenschappen van het mannelijke en het vrouwelijke? Als we daar enig zicht op krijgen wat die zijn, kunnen we tot op zekere hoogte begrijpen hoe het beeld van God eruit ziet. Voor de zondeval hebben we een volmaakt model van hoe de man en de vrouw waren bedoeld te zijn in Gods scheppingsplan. Als we naar het beeld kijken, kunnen we als het ware een indruk krijgen van de *realiteit* van Gods natuur. Als ik naar de eigenschappen van het mannelijke en het vrouwelijke kijk, richt ik me op het feit dat die in hun hoogste vorm van oorsprong in de natuur van God zitten. Denk er ook aan dat wij allemaal, ieder voor zich, een unieke mix van mannelijkheid en vrouwelijkheid in ons hebben zitten. Velen van ons ontdekken dat ze zowel van het mannelijke als van het vrouwelijke eigenschappen in hun gedrag en relaties vertonen.

Mannelijke eigenschappen in God

- Mannelijkheid zouden we kunnen beschrijven als de *'doe-kant'* van God, het is het actieve aspect van God. Het gaat over het erop uittrekken. De Heer zal uittrekken als een held.' (Jesaja 42:13 HSV) Als vrouwen 'doen' of 'erop uittrekken', enz., doen ze dat vanuit de mannelijkheid die in hen is.

- Mannelijkheid wil *'ergens over weten'* – informatie ontvangen. Mannen zijn bijvoorbeeld over het algemeen meer geïnteresseerd in hoe krachtig de motor in de auto is, of hoeveel geheugen de computer heeft.

- Het mannelijke heeft het vermogen om het *initiatief* te nemen. Vrouwen nemen ook wel het initiatief, maar doen dat vanuit hun mannelijke kant. C.S. Lewis heeft gezegd dat God zelf zo mannelijk is, dat de hele schepping voor Hem vrouwelijk is. Dat komt doordat God de grote initiator is en dat is wat God, volgens C.S. Lewis, mannelijk maakt. Hij is de grote Bron. Ons leven, ons bestaan, onze redding en verzoening, alles is door Hem tot stand gebracht.

- Het mannelijke heeft het vermogen om te *verdedigen*. Het mannelijke heeft het vermogen om pal te staan voor de waarheid, voor rechtvaardigheid, om de aanval van de vijand op waar het in gelooft en wat dierbaar is, een halt toe te roepen.

- Het mannelijke *beschermt*. Het heeft het vermogen redding te brengen. Dit lijkt op het vorige punt. We zien dat bij de jonge David, die zijn kudde beschermde tegen leeuwen en beren. (I Samuel 17:34-37).

¤ Het mannelijke heeft het vermogen om *vorm te geven* aan dingen. Het is in staat om orde te brengen waar wanorde is.

¤ Het mannelijke *overwint* als er tegenslag is. Dat zien we in zijn hoogste vorm in Jezus, Die 'het kruis verdroeg' en zo'n tegenspraak van de zondaars heeft verdragen.' (Hebreeën 12:2).

¤ Het mannelijke is *eerlijk en integer*. Het hecht veel waarde aan de waarheid en staat voor wat waar is. Het mannelijke heeft macht om zijn mond open te doen en voor de waarheid op te komen.

¤ Het mannelijke heeft het vermogen om iets te *voltooien*, en *af te maken* waaraan het begonnen was. Dat zien we in het leven van Jezus, dat Hij het werk heeft volbracht dat de Vader Hem had opgedragen (Johannes 17:4). De apostel Paulus zei: 'Ik heb de goede strijd gestreden, ik heb de loop ten einde gebracht. Ik heb het geloof behouden.' (2 Timotheüs 4:7).

¤ Het mannelijke bezit het vermogen om *toegewijd* te zijn. In Lucas 9:51 staat, in sommige vertalingen, dat Jezus vastberaden was om naar naar Jeruzalem te gaan. (NBV)

¤ Het mannelijke gaat uit van het *'hoofd'*, terwijl het vrouwelijke van het hart uitgaat, en beide zijn nodig in het leven.

¤ De mannelijke manier van iets leren en kennen, is anders dan de vrouwelijke manier van kennen. De mannelijke manier van kennen is rationeel, door waarneming, logisch en rechtlijnig. Het mannelijke vindt het fijn om een stelling volkomen te bewijzen door *observatie, het verzamelen* van bewijsstukken en door het *proefondervindelijk* aan te tonen.

Bij het begrip mannelijk, denk ik altijd aan een rechte lijn. Het is sterk, doelgericht en bevindt zich 'daar'. Het gaat 'verder'.

Vrouwelijke eigenschappen van God

- Het vrouwelijke is de *'zijn-kant'* van Gods natuur. God is in rust. Hij 'is' er gewoon. Psalm 46:10 zegt: 'Wees stil en weet dat Ik God ben.' Het vrouwelijke is in rust en is tevreden met zichzelf, hierdoor heeft ze het vermogen om anderen te helpen tot rust te komen. Koning David zei: '… U bent het Die mij vertrouwen gaf, toen ik aan mijn moeders borst lag.' (Psalm 22:10)

- Het vrouwelijke is in staat om te *ontvangen* en te *reageren*. Waarschijnlijk is dit de voornaamste eigenschap van het vrouwelijke. Mannen doen dat ook wel, anders zouden ze nooit iets van God kunnen ontvangen, maar het gaat bij vrouwen veel dieper. Juist de essentie van het vrouwelijke is het vermogen om te ontvangen. De vrouw ontvangt het zaad, dat de potentie heeft om een kind te laten groeien. Vrouwen hebben iets in zich, waardoor zij in staat zijn om te ontvangen en te reageren op manieren waartoe mannen niet in staat zijn.

- Het vrouwelijke verlangt ernaar te *kennen* en *gekend te worden in relaties.* Dat is heel anders dan het mannelijke, dat ernaar verlangt ergens iets over te weten of iets gade te slaan. Een voorbeeld hiervan zie je heel duidelijk bij de interactie tussen een man en zijn echtgenote aan het eind van een dag. Over het algemeen zal een man alleen de hoogst noodzakelijke, feitelijke informatie geven. Vrouwen daarentegen verlangen ernaar de gevoelens achter de feiten te kennen. Vaak heeft de man er geen zin in de vrouw te vragen hoe haar dag is geweest, omdat ze daarop reageert met het geven van 'te veel informatie!' Het mannelijke komt met informatie en feitelijkheden

– het vrouwelijke is meer empathisch – zij ziet het gezichtspunt van de ander.

❑ Het vrouwelijke is op zoek naar *eenheid en relatie met anderen.*

❑ Ik zie het hart van God geopenbaard in deze eigenschappen. Zijn grootste verlangen is te kennen en gekend te worden in een relatie. De hele Bijbel is met dit doel geschreven – opdat wij Hem zullen kennen en Hij zich aan ons zal openbaren. Er is een geweldig verlangen in het hart van God om elkaar wederzijds te kennen. In het menselijk lichaam zijn zowel het hoofd als het hart absoluut onmisbaar. Je kunt niet leven zonder één van de twee. Je kunt niet zeggen dat de één van meer levensbelang is dan de ander; ze hebben verschillende functies.

❑ Het vrouwelijke *geeft leven* aan anderen. Kinderen worden gevoed met de voedingsstoffen van de moeder. Wij hebben gezien dat wanneer mensen in de bediening spreken of onderwijzen vanuit het hart en niet alleen maar vanuit het hoofd, ze leven overbrengen aan anderen. Er wordt leven aan een ander overgebracht als iemand spreekt vanuit een vrouwelijk kennen – met tederheid, empathie en bewogenheid. Het is meer dan alleen maar je hersens, logica en kennis gebruiken.

❑ Het leven van de Geest kan stromen als er gesproken wordt vanuit het hart. Mannen die gevangen zitten in hun mannelijkheid en wiens vrouwelijke kant niet functioneert, geven in het algemeen alleen informatie, maar brengen geen leven over. Mensen die leven voortbrengen wanneer ze spreken, hebben een actieve vrouwelijke kant in zich. Dit vereist eenheid in relatie, daarom maakt het een levend contact met de luisteraar.

- Het vrouwelijke brengt op een andere manier *vertroosting* dan het mannelijke. God zegt heel bewust: 'Zoals iemands *moeder* haar kind troost, zo zal Ik ook u troosten.' (Jesaja 66:13) De vertroosting van een moeder is de vertroosting die je omringt en te hulp komt, terwijl een vader de kleine helpt om weer overeind te komen en verder te gaan. Wanneer een kind valt en zijn knie bezeert bijvoorbeeld, zie je dat het kind instinctief zijn vader voorbij rent om in de armen van zijn moeder haar unieke moederlijke troost te ontvangen.

- Het vrouwelijke heeft het vermogen te *koesteren*. Dat ligt heel dichtbij het overbrengen van leven. Dat zie je heel duidelijk bijvoorbeeld in het geven van de borst aan een pasgeboren kind, waardoor het nieuwe leven buiten de baarmoeder versterkt wordt door haar eigen lichaam. Voeden versterkt het leven. Een vader zal graag in de levensbehoeften van het kind willen voorzien, maar een moeder zal graag het leven van het kind willen koesteren, voeden en verrijken – om het leven te versterken. Het spreekt vanzelf, dat naar mate het kind groeit en zich ontwikkelt, de vader zijn of haar leven ook zal versterken.

- Het vrouwelijke wordt gekenmerkt door *creativiteit en wijsheid*. In feite is het zo, dat wijsheid in de Schrift wordt aangeduid als iets vrouwelijks. (Spreuken 8:1-3)

- Typisch vrouwelijke manieren van leren en kennen, zijn *onderscheiding en intuïtie* – heel anders dan de mannelijke manier van kennen. Vrouwen gaan vaak af op hun intuïtie in relaties. Er is bijvoorbeeld iets in iemand dat ze niet vertrouwen. Ze kunnen het niet uitleggen. Het is alleen maar vrouwelijke intuïtie, waardoor ze aarzelen om die bepaalde persoon te vertrouwen. Het vermogen

om openbaring te ontvangen is een vrouwelijke eigenschap, die zowel mannen als vrouwen kunnen hebben.

¤ Het vrouwelijke geeft het gevoel *ergens thuis te horen*. In
tegenstelling tot het mannelijke (dat een rechte lijn is,
voorwaarts gaat en verovert) is het vrouwelijke meer
een cirkel. Het vrouwelijke is een cyclus van leven, die
vertroosting, creativiteit, wijsheid, koestering en nog
veel meer omsluit. Als het mannelijke over 'het hoofd'
gaat, gaat het vrouwelijke over 'het hart'. Deze zijn
allebei van evenveel waarde en belang, en zijn allebei
onmisbaar om te kunnen leven.

Er bestaan geen volledige lijsten, maar ze helpen ons wel
de eigenschappen van het mannelijke en het vrouwelijke te
onderscheiden, zoals ze van oorsprong uit God komen. Als
we die lijsten doornemen, zien we duidelijker dat we het
nodig hebben, dat zowel het mannelijke als het vrouwelijke binnenin ons actief is, zoals dat het geval was bij Jezus.
Mannen zijn vaak geneigd hun hart niet naar waarde te
schatten, het daardoor te onderdrukken en te leven vanuit
'het hoofd'. Veel mannen hebben van jongs af aan te horen
gekregen, dat het meisjesachtig is om je gevoelens te tonen.
Een gevolg daarvan is de eigenschap van het mannelijke om
te leven vanuit je denken en om overmatig verstandelijk te
zijn. Vaak hebben zij hun hart het zwijgen opgelegd, doordat
ze het vrouwelijke dat ze van God hebben ontvangen, onderdrukt hebben. Veel mannen hebben helemaal geen taal
om op een goede manier uitdrukking te geven aan hun
gevoelens. Als het onderdrukte vrouwelijke wordt vrijgezet,
wordt de verbinding met het hart hersteld. In koning David
zien we een prachtig voorbeeld van een man die krachtig
functioneerde in zowel het mannelijke als het vrouwelijke.

Je zou dit allemaal op de volgende manier samen kunnen
vatten: het is Gods bedoeling dat het Mannelijke *Gezag heeft*

met Koestering; en het is Zijn bedoeling dat het Vrouwelijke *Koestering heeft met Gezag.*[3]

Jezus is het volmaakte voorbeeld hiervan. Voor mij, als vrouw, betekent worden als Jezus dus niet dat ik daardoor mannelijker wordt. Voor een man betekent worden als Jezus niet dat hij zijn mannelijkheid onderdrukt of ontkent. Er is kracht en waardigheid zowel in mannelijkheid als in vrouwelijkheid. De vrouw in Spreuken 31:25: '...is gekleed in kracht en heerlijkheid.' Deze passage is een prachtig voorbeeld van hoe ware vrouwelijkheid is bedoeld. Ook als je Hooglied leest, zie je veel voorbeelden van de eigenschappen van ware vrouwelijkheid en echte mannelijkheid in de relatie die twee geliefden met elkaar hebben.

Ik heb een overzicht gemaakt van de eigenschappen van het mannelijke en het vrouwelijke die je op de eerste plaats aan kunt treffen in God. Onnodig te zeggen dat het een onvolledig beeld geeft, maar het helpt ons wel deze waarheid te pakken. Om het eenvoudig te zeggen, het mannelijke kan je vergelijken met een rechte lijn – voorwaarts gaan, definiëren, en afbakenen. Het vrouwelijke daarentegen lijkt meer op een cirkel – omvattend, omhullend, omgevend en vertroostend. Deze beschrijvingen geven ons een idee van de essentie van het mannelijke en vrouwelijke binnen de natuur en het karakter van God.

Ik kan het niet beter zeggen dan C.S. Lewis, die het wezenlijke van mannelijkheid als volgt beschrijft:

'...[mannelijkheid] had het aanzien van een gewapende wachter op de borstwering van zijn verre, archaïsche wereld, die zijn ogen in niet aflatende waakzaamheid langs de aardewaartse horizon liet gaan vanwaar, lang

---

3. Met dank aan Clay McLean.

*geleden, het gevaar kwam…een zeemansblik…ogen die
doordrenkt zijn van verte.'*

Het tegenovergestelde zegt Lewis over het vrouwelijke:

*'…maar de ogen van [het vrouwelijke] gingen als
het ware naar binnen toe open, alsof ze een verhulde
doorgang waren naar een wereld van golven, gemurmel
en dolende geuren, van een leven dat in de wind wiegt en
over bemoste stenen spat en dat neerdaalt als dauw en
zonwaarts opstijgt als ragfijne nevel.'* [4]

Nu wil ik kijken naar het derde hoofdstuk van Genesis, dat de zondeval van de mens beschrijft. Merk op, dat God *niet* de man of de vrouw vervloekt. Nee, Hij vervloekt de slang, en de grond. Maar toen Hij zich tot de vrouw en de man richtte, wat deed Hij toen wel? Hij beschreef hoe het leven dat ze nu zouden leiden buiten de Hof van Eden eruit zou zien. Veel commentatoren en theologen hebben Gods woorden in Genesis 3:16-19 opgevat als een directe vervloeking van de man en de vrouw, maar ik denk dat deze woorden opgevat moeten worden als een omschrijving en niet als een voorschrift. Met andere woorden, ze spreken over wat de onvermijdelijke gevolgen zouden zijn van het eten van de boom van kennis van goed en kwaad. De zonde heeft haar intree gedaan, daardoor zijn zij nu afgesneden van de Bron van het leven – de Vader zelf – er zal dus (in de woorden van Leanne Payne) sprake zijn van een 'gebroken beeld' van Wie God echt is. Satan is er (in ieder geval tijdelijk) in geslaagd het beeld van God te misvormen, hoewel het op de juiste manier werd weergegeven in de harmonieuze eenheid van de man en de vrouw. Gods oorspronkelijke bedoeling om Zichzelf te tonen (met mannelijke en vrouwelijke eigenschappen) door 'de beelddragers', werd nu verstoord door de zondeval.

---

4. C.S. Lewis, *Perelandra*, Uitgeverij Kok, Kampen 2006. Pag. 280-281).

In de eerste paar verzen van Genesis 5 staat, 'Op de dag dat God Adam (d.w.z. de mensheid) schiep, maakte Hij hem naar de gelijkenis van God. Mannelijk en vrouwelijk schiep Hij hen; en Hij zegende hen en gaf hun de naam 'mens'. Het woord dat hier wordt gebruikt is het Hebreeuwse woord *adam*. Dan gaat het verder en staat er: 'Adam leefde honderddertig jaar, en verwekte een zoon naar zijn gelijkenis. Naar zijn beeld...' Dit levert ons nog meer bewijs van het loslaten van het beeld van God. De mensheid (*adam*) die aanvankelijk geschapen werd als man en vrouw naar het beeld en de gelijkenis van God, bracht deze zoon voort, Seth, die naar hun beeld was. Zie je dat er een verschuiving heeft plaatsgevonden in het dragen van het beeld en de gelijkenis? Vanaf dat moment is het 'zo vader zo zoon' (om zo te zeggen); het kind van Adam en Eva is een beeld en gelijkenis van hen in hun gevallen staat, en niet meer naar Gods beeld.[5]

God vertelde de vrouw wat de gevolgen zouden zijn van het eten van de boom van kennis van goed en kwaad: 'Ik zal uw moeite in uw zwangerschap zeer groot maken, met pijn zult u kinderen baren. Naar uw man zal uw begeerte uitgaan, en hij zal over u heersen.'(Genesis 3:16)

God zegt hier dat — als gevolg van de zondeval – het mannelijk geslacht niet meer verbonden zal zijn met Zijn hart. De man zal zelfs los zijn geraakt van zijn eigen menselijk hart. Hij zou niet meer in verbinding staan met de Bron. God had hen heerschappij gegeven, maar God zegt nu tegen de vrouw dat zij de heerschappij over de schepping zijn kwijtgeraakt en dat die vervangen wordt door overheersing. Heerschappij kan alleen worden uitgevoerd door een hart van liefde en een hart van vertroosting. Als het hart niet

---

5. Het valt op dat de Schrift hier niet spreekt over Kaïn en Abel in deze bewoording, maar alleen over Seth. Zou het zo kunnen zijn dat 'het beeld van God' niet meteen na hun vertrek uit de Hof ophield te bestaan – maar geleidelijk aan minder werd? Dat geeft stof tot nadenken.

meer verbonden is, wordt het vervangen door zelfzuchtige overheersing. Overheersing heeft met macht te maken; ze is niet geïnteresseerd in de belangen van anderen, alleen maar in het eigenbelang en zelfverheffing.

De heerschappij werd aan het beeld gegeven, omdat het vrouwelijke deel van het beeld het 'hart' eraan toevoegt. Als je het vrouwelijke wegneemt, haal je de koestering en het liefhebbende hart weg en dan kan er onmogelijk sprake zijn van heerschappij. Als het mannelijke is losgeraakt van het hart, zal het zich verheffen en gaan overheersen. De heerschappij van liefde wordt dan vervangen door overheersing, door controle en macht uitoefenen.

'Je begeerte zal uitgaan naar je man.' (Genesis 3:16); de vrouwelijke eigenschap te willen kennen en gekend te worden in een relatie, om met elkaar verbonden te zijn op hartsniveau zal vanaf nu gedwarsboomd worden.

Wat mij het meest is opgevallen in al die jaren dat ik gecounseld heb, is dat er een fundamentele eenzaamheid is die zijn oorsprong vindt in de zondeval. Die is voortgekomen uit de diepgewortelde breuk tussen het menselijk hart en het hart van God, zowel bij de mannen als bij de vrouwen. Vroeger onderwees ik op onze scholen en conferenties vooral over het onderwerp eenzaamheid. Maar daar ben ik mee gestopt omdat ik ontdekte dat conferenties en scholen een totaal ongeschikte omgeving waren om onderwijs te geven over dit onderwerp. Als iemand echt in aanraking komt met de diepte van de eenzaamheid in zijn of haar hart, is dat een pijn die je niet kunt verdragen in een publieke setting. Er is een enorme kloof van eenzaamheid binnenin het hart van het menselijk ras en die vindt zijn oorsprong in het niet verbonden zijn met de Bron. Ze wordt veroorzaakt door het afgesneden zijn van de Vader zelf. Als gevolg daarvan zijn we niet in staat om van hart tot hart met elkaar verbonden te zijn.

Toen God zei dat haar verlangen zou uitgaan naar haar man, bedoelde Hij dat zij een diepe verbondenheid zocht, maar dat hij die niet zou kunnen geven, omdat er geen relatie op hartsniveau was met de Goddelijke Bron. Het niveau waarop de vrouw echt een relatie wil aangaan wordt nu gesmoord en is ontoegankelijk, omdat de man op een diepe manier gescheiden is van zijn eigen hart. Wij zijn dit heel vaak tegengekomen in huwelijken en relaties. Vaak staat de vrouw voor het dilemma dat ze een diepe relatie wil hebben, maar dat ze dat verlangen op een ongezonde manier tot uitdrukking brengt. Zij probeert een relatie aan te gaan vanuit haar eigen gevallen-zijn, in plaats van dat ze haar identiteit ontleent aan haar Vader. Vanaf het begin is het de bedoeling geweest dat we onze identiteit zouden ontlenen aan de Vader, als Zijn geliefde zonen en dochters. Het tegengestelde gebeurt, het gevallen vrouwelijke probeert haar identiteit te ontlenen aan relaties. Vaak ontleent de vrouw haar identiteit uitsluitend aan de relaties die ze heeft. Of dat nu een vriend is, een echtgenoot, vrienden of zelfs haar kinderen. Het gevallen vrouwelijke verlangt ernaar haar identiteit te ontvangen – niet van de Vader – maar van de menselijke relaties die ze heeft.

'Hij zal over je heersen.' Na de zondeval, in plaats van dat de man heerschappij uitoefende op basis van gelijkwaardigheid, stond hij op in zijn gevallen mannelijkheid en ging hij overheersen. Jammer genoeg heeft het christendom de uitspraak 'Hij zal over je heersen' opgevat als een goddelijk bevel. Het is opgevat als een voorschrift in plaats van een omschrijving van wat er ongetwijfeld zou gaan gebeuren. Veel Kerkvaders en ook huidige theologen en gemeenteleiders, hebben deze woorden verkeerd uitgelegd, als een soort goddelijke instelling, dat het de bedoeling is dat de man over de vrouw heerst. Maar wat God werkelijk bedoelde was (je zou kunnen zeggen als een waarschuwing vooraf): nu de mens gevallen is en egocentrisch is geworden, zal hij in plaats van dat hij op God en de ander gericht is, zijn best doen heerschappij over je uit te oefenen.

De prachtige werkelijkheid is, dat Jezus tegen deze neiging is ingegaan en deze trend heeft omgedraaid. De apostel Paulus schrijft hierover in Efeze 5:25, wanneer hij aanspoort:

> *'Mannen heb uw eigen vrouw lief, zoals ook Christus de gemeente liefgehad heeft en zich voor haar heeft overge-geven, opdat Hij haar zou heiligen, door haar te reinigen met het waterbad van het Woord, opdat Hij haar in heerlijkheid voor zich zou plaatsen, een gemeente zonder smet of rimpel of iets dergelijks maar dat zij heilig en smetteloos zou zijn. Zo moeten de mannen hun eigen vrouwen liefhebben als hun eigen lichamen. Wie zijn eigen vrouw liefheeft, heeft zichzelf lief. Want niemand heeft ooit zijn eigen vlees gehaat, maar hij voedt het en koestert het, zoals ook de Heer de kerk...'*

Jezus, als de 'tweede Adam', heeft de ware oorspronke-lijke blauwdruk van de heerschappij teruggebracht. Hij heeft laten zien hoe de echtgenoot zijn vrouw moet liefhebben door Zijn leven voor haar neer te leggen, en dezelfde houding aan te nemen als Christus dat heeft gedaan ten aanzien van de gemeente. Jezus maakte dat duidelijk toen de Farizeeërs hem op de proef stelden op het punt van de echtscheiding, dat in die tijd het onderwerp was van heftige rabbinale dis-cussies.[6] Het lijkt erop dat ze Hem probeerden onder druk te

---

6. Twee vooraanstaande rabbi's uit die tijd, Shammai en Hillel, hadden echter twee elkaar bestrijdende partijen gesticht, die van mening verschilden over verschillende zaken, waaronder de echtscheiding. Het is zeer waarschijnlijk dat dit de context was waarin die vraag aan Jezus werd gesteld.

zetten om een bepaald standpunt in te nemen, maar Jezus ging terug naar het begin, naar de oorspronkelijke bedoeling van God:

> *'Hebben jullie niet gelezen,' antwoordde Hij: 'dat vanaf het begin van de schepping de Schepper hen mannelijk en vrouwelijk heeft gemaakt?' En Hij zei: 'Daarom zal een man zijn vader en moeder verlaten en die twee zullen tot één vlees zijn.' Zodat zij niet meer twee zijn maar één vlees. Dus wat God samengevoegd heeft, laat de mens dat niet scheiden.*

Verder zei Hij dat Mozes echtscheiding onder bepaalde omstandigheden toestond,' *...vanwege de hardheid van jullie hart. Maar zo is het in het begin niet geweest.'*[7] De verharding van het hart was de katalysator, waardoor de aanvankelijke harmonie waarvan ze hadden mogen genieten verbroken werd. Echter, Jezus heeft hersteld hoe het was 'vanaf het begin.' – Gods oorspronkelijke sjabloon voor de relaties van de mens.

Kenmerken van het gevallen vrouwelijke

Ik heb gemerkt dat er *vier belangrijke manieren* zijn waarop het gevallen vrouwelijke zich manifesteert en tot uitdrukking komt, als reactie op de mannelijke overheersing.

¤ Ten eerste, zij is opgegroeid onder het 'gevallen mannelijke' en daardoor is zij overheersend en bazig geworden. Ze is gaan staan en zei: 'Jij gaat niet over mij heersen! Ik ga over jou heersen!' Zo krijg je wat ik 'de krachtige vrouw' zou noemen, degene waar iedereen bang voor is. Ze kan meedogenloos zijn. Ze is het contact met haar vrouwelijkheid kwijtgeraakt en leeft nu in haar 'gevallen mannelijke' overheersende rol.

---

7. Markus 10: 1-9.

¤ De tweede manier waarop het vrouwelijke reageert op het gevallen-zijn, is dat ze buitengewoon zwak is geworden, waardoor ze geen enkele goede mannelijke eigenschap meer heeft. Ze kan geen beslissing nemen en is voortdurend afhankelijk van anderen. Ze is zwak op een erg gevallen manier, je zou kunnen zeggen: 'zonder ruggengraat.' In plaats van dat ze iemand is die leven geeft, zuigt ze het leven weg uit anderen om haar heen. In plaats van dat ze haar eigen leven leidt, dat naar anderen overvloeit, zuigt zij het leven uit haar gezin weg of uit wie dan ook in haar buurt. Ze gebruikt woorden zoals: 'Arme ik', of: 'Ik kan dit niet doen', of: 'Ze geven mij niets.' Ze is een zeer krachteloos wezen. Dat geldt ook voor mannen die buitengewoon passief zijn geworden – het 'gevallen vrouwelijke' in de man heeft voorrang gekregen en overheerst het mannelijke. Deze uitdrukking van gevallen-zijn heeft een erg passieve en onverantwoordelijke mentaliteit – het neemt de slachtofferrol aan. De mannelijke eigenschappen, zoals: beslissingen kunnen nemen, staan voor de waarheid, gerechtigheid en het 'goede', zijn verworden tot nooit aflatende verslagenheid en negativisme. Een Bijbels voorbeeld waar ik aan moet denken, is dat van de man die bij het badwater lag van Bethesda in Johannes 5:1-15. Deze man zat in de val vanwege zijn onvermogen in het badwater te komen, wanneer de engel op het water bewoog. Het leek erop dat hij belemmerd werd door zijn eigen verslagenheid en negatieve instelling. 'Meneer, ik heb niemand die mij kan helpen in het badwater te komen als het water beweegt. Als ik het probeer is er steeds iemand die mij voor is.' Jezus stelde een veelzeggende vraag: 'Wil je gezond worden?' Het was een doelbewuste stap om zijn passieve instelling uit te dagen. Om te genezen moet je op gaan staan in het goede van het mannelijke – om een besluit te nemen, om niet meer naar je probleem te kijken en bereid te zijn om in geloof te reageren, wanneer de gelegenheid zich voordoet. Het 'gevallen vrouwelijke' is de klassieke manipulator. Zij is krachteloos en bezit geen gezonde mannelijkheid, daardoor moet zij haar toevlucht nemen tot achterbakse middelen en manipulatie om te krijgen wat zij wil.

¤ De derde manier die ik ben tegengekomen, is die van 'de misleider'. Zij manipuleert ook, maar dat doet zij door middel van misleiding. Duidelijk misleidt ze op seksueel gebied, maar ze doet het om te kunnen overheersen. Zij oefent macht uit over mannen door hen te verleiden. Ik heb vaak te maken gehad met vrouwen die dit als een manier hebben gebruikt, simpelweg om te kunnen overleven. In al mijn contacten met vrouwen die deze manier gebruikten, ben ik zelden iemand tegengekomen die respect had voor mannen. Dit is een vorm van zelfhaat die uitmondt in mannenhaat, om zo aan te tonen dat iedereen (ook zij zelf) tot in de kern verdorven is. Niemand voelt zichzelf goed in dit scenario. Je kunt een duidelijke beschrijving van een dergelijk soort vrouw vinden in Spreuken 7 en Spreuken 9:15-18.

¤ De vierde reactie van het vrouwelijke op mannelijke overheersing die ik ben tegengekomen, is het totaal verwerpen van mannen en alles wat mannelijk is. Dat is een extreme vorm van feminisme, waarbij men zich voorstelt dat er voor het bestaan van mannen helemaal geen ruimte is. Vaak kan lesbianisme hieruit voortvloeien, als een vrouw zo gewond is geraakt door toedoen van mannen, dat ze ervoor kiest om hen totaal uit haar leven te bannen – en dus voor een seksuele partner van hetzelfde geslacht kiest. Als zij ervoor kiest om kinderen te krijgen, kan ze dat doen door gebruik te maken van kunstmatige inseminatie. We zien deze reactie ook in intellectuele kringen, bijvoorbeeld bij radicale feministische professoren die zelfs zover zijn gegaan dat zij mannelijke studenten bij hun lezingen weerden. Deze reactie resulteert in een discussie gekant *tegen* seksuele gelijkwaardigheid, die de opvatting ondersteunt dat vrouwen zonder enige uitzondering over mannen de baas moeten zijn.

Het spreekt vanzelf dat er nuances zijn en dat sommige dingen gecompliceerd liggen binnen deze waarnemingen van mij. Ze geven wel een algemene aanwijzing van wat voor invloed de zondeval op het vrouwelijke heeft gehad als reactie op het gevallen mannelijke.

Kenmerken van de gevallen mannelijkheid

De gevallen mannelijkheid gedraagt zich op dezelfde manier als de gevallen vrouwelijkheid. Zowel het gevallen mannelijke als het gevallen vrouwelijke zit in een ieder van ons. Of we nu een man of een vrouw zijn. God sprak tot Adam op dezelfde manier als Hij tot Eva sprak:

Tegen Adam zei Hij: 'Omdat jij hebt geluisterd naar de stem van je vrouw en van de boom hebt gegeten waarvan Ik je had geboden dat je daarvan niet mocht eten, is de aardbodem omwille van jou vervloekt; met zwoegen zal je daarvan eten, al de dagen van je leven; dorens en distels zal hij voor je laten opkomen en je zult het gewas van het veld eten. In het zweet van je gezicht zal je brood eten, totdat je tot de aardbodem terugkeert, omdat je daaruit genomen bent; want stof ben je en je zal tot stof terugkeren.' (Genesis 3:17-19)

Zo werd het werk dus vervloekt. In de gevallen mannelijkheid heb je een gedrevenheid om te presteren en je identiteit van de grond te krijgen – door je werk. De 'gevallen mannelijkheid' wordt vooral een zaak van zwoegen en zweten door je werk, omdat dat nu eenmaal hoort bij je identiteit.

Dat kom je ook tegen bij vrouwen, maar het is vooral een kenmerk van gevallen mannelijkheid. Zowel mannen als vrouwen kunnen workaholic worden, waarbij ze de gevallen mannelijkheid tot uitdrukking brengen, die zijn doel wil bereiken door het werk van zijn handen en het zweet op zijn gezicht.

Als gevolg daarvan wordt mannelijkheid tot uitdrukking gebracht door te overheersen en hardvochtig te zijn. Als er geen levende connectie met het hart is wordt alles verhard, verbeten, zakelijk en volkomen zelfgericht. Gevallen mannelijkheid kan ongelooflijk in zichzelf opgesloten raken, waarbij er geen oog is voor de ander. Vaak zijn vrouwen er alleen voor om in de behoeften en ambities van de man te voorzien. Een relatie dient er alleen voor om aan de behoeften van de man te voldoen, of de doelen na te jagen die hij probeert te bereiken. De gevallen mannelijkheid is zowel harteloos als rusteloos – nooit tevreden met er gewoon te 'zijn', maar steeds maar 'doen', in een poging om zo zijn identiteit te vinden. Hij is agressief en heeft zijn emoties verdrongen. Een belangrijke oorzaak van depressie is, dat je jezelf hebt afgesloten voor je hart. Kwesties als frigide-zijn en pornografie zijn symptomatisch voor het niet verbonden zijn met je hart.

Tegenwoordig komen we veel 'gevallen mannelijkheid' tegen in de cultuur van de hedendaagse kerk. Een duidelijk voorbeeld hiervan is, dat alle leiderschapsposities en bedieningen in de kerk worden bekleed door mannen. Vrouwen mogen niet functioneren in hun gave of bediening. Sommige kerkelijke stromingen gaan zelfs zover, dat zij beweren dat mannen gezag mogen uitoefenen over *alle* vrouwen, niet alleen over hun eigen vrouwen! Veel bekwame vrouwen die ongetwijfeld door God geroepen zijn, zijn verwond geraakt door een verkeerde uitleg van bepaalde bijbelgedeeltes, die gebruikt worden om de vooroordelen van 'gevallen mannelijkheid' te staven. Meer subtiele voorbeelden van gevallen mannelijkheid vind je binnen de stijl en cultuur van het gemeenteleven. Een kerk die overdreven vastzit aan regels, systemen en programma's, of die overdreven 'doelgericht' is, zal heel vaak te werk gaan vanuit een gevallen mannelijke vooringenomenheid.

Zichtbaarheid van de beelddrager onder volken en in culturen

Wat ik zo fijn vind van begrijpen dat het beeld van God zowel het mannelijke als het vrouwelijke omvat, is dat we daarvan overal de bewijzen kunnen zien. Veel van wat ik nu zeg zie ik door dit paradigma van 'de beelddrager' – de lens van het mannelijke en het vrouwelijke. Een paar jaar geleden begon ik te beseffen, dat Hij Zijn beeld in de diverse culturen in onze wereld heeft neergelegd. Het werd mij duidelijk dat het mannelijke en het vrouwelijke beeld niet alleen zit in ieder individu, maar dat het aanwezig is in alle culturen. Er zijn mannelijke culturen en er zijn vrouwelijke culturen.

Enkele mannelijke culturen waar ik aan moet denken zijn de Engelse, de Duitse en de Nederlandse cultuur. Die culturen zijn historisch gezien erg intellectueel ingesteld, zeer wetenschappelijk en erg gestructureerd. Dat zijn volken die door de eeuwen heen eropuit zijn getrokken en veroveraars zijn geweest. In tegenstelling tot andere culturen, zoals de Keltische cultuur, de Scandinavische cultuur en de meeste inheemse culturen, die je zou kunnen beschouwen als vrouwelijke culturen. Deze culturen zijn 'cirkelvormig', aards, en familiair of stamverwant. Een erg opvallend voorbeeld van het verschil tussen een mannelijke en een vrouwelijke manier van denken zou de Griekse cultuur genoemd kunnen worden, in vergelijking tot de Hebreeuwse cultuur.

Mijn eigen land, Nieuw Zeeland, is een goed voorbeeld van zowel een mannelijke als een vrouwelijke cultuur. Toen ik een keer voor Nieuw Zeeland aan het bidden was, kwam er een ongewoon sterke geest van voorbede over mij. Die stuurde aan op een eenwording van de cultuur van de inheemse Maori's en de meerderheid die een Europese afkomst hebben. Ik hoorde de Heer heel duidelijk tegen me zeggen, 'Jouw land zal huwen,' (Jesaja 62:4) en het mannelijke zal in harmonie komen met het vrouwelijke. Binnen de context van Nieuw Zeeland werd plotseling duidelijk voor mij, dat het Maori-volk als een moeder was in het land. Toen de Europeanen kwamen waren de Maori, een prachtig voorbeeld van een vrouwelijke cultuur, er al. Zij zijn familie-gericht, verbonden met het land, erg verwelkomend en gastvrij. Ze zijn ook een 'oorlogsvolk' maar in hun geval is het een vrouwelijke eigenschap, omdat het in de eerste plaats uit verdedigend oogpunt is. Het is een vergissing te denken dat de vrouwelijke cultuur (of het vrouwelijke in het algemeen) zwak is. Als je wilt weten waar vrouwelijke sterkte op lijkt, ga dan eens staan tussen een leeuwin en haar welpen! Probeer dan eens een berenjong weg te halen van zijn moeder! De woestheid die opwelt uit het beschermende en moederlijke instinct kent haar weerga niet. Zoveel vrouwelijke culturen zijn krijgshaftig, maar het zijn geen culturen die erop uit zijn een koninkrijk te stichten. Het vrouwelijke is krijgshaftig vanuit een instinct om haar bezit te verdedigen. De mannelijke oorlog zuchtigheid daarentegen is eropuit om zijn gezagsgebied te vergroten.

Die vrouwelijke felheid zie je bij culturen die vroeger gekolonialiseerd zijn geweest. De inheemse bevolking is in opstand gekomen om zichzelf te verdedigen tegen hun bezetters. Vanwege de zondeval zie je iedere keer weer dat het vrouwelijke (zowel individueel als cultureel) het 'gevallen mannelijke' is binnengestapt, in een poging om de onderdrukker te overheersen: 'Jullie hebben ons overheerst, dus keren wij ons om en overheersen jullie!' Zo zien we hoe dit bijdraagt aan politieke acties of zelfs guerrilla-achtige oproer en terrorisme. Deze reacties laten niet het ware hart van de mensen zien, maar zijn eerder 'gevallen' uitwerkingen die voortgekomen zijn uit geweld en verwerping. Wanneer het vrouwelijke verwond raakt, kan het in opstand komen en 'gevallen mannelijkheid' worden. Het is Gods bedoeling geweest, dat zowel de mannelijke culturen als de vrouwelijke culturen in harmonie met elkaar zouden komen. Hij wilde dat de volken in de eb en vloed van hun vrouwelijkheid en mannelijkheid, samen Zijn heerlijkheid zouden tentoonspreiden op aarde.

Veel mensen zijn op een verkeerd spoor terecht gekomen, doordat zij zich richten op hun eigen balans tussen het mannelijke en het vrouwelijke, maar het is niet mogelijk om daar verandering in te brengen door onze eigen inspanning. Waar het om draait is dat we de gevallen staat van het mannelijke en het vrouwelijke achter ons laten en als Christus worden. Wanneer wij meer en meer als Christus worden, zal het ware evenwicht tussen het mannelijke en het vrouwelijke hersteld worden binnen de uniciteit van ieder individu op zich, zoals God het bedoeld heeft.

3 | De Oorlog Tegen het Vrouwelijke Beeld van God

En de draak werd boos op de vrouw…
— Openbaring 12:17

Wie is zij die verschijnt als de dageraad, mooi als de volle maan, zuiver als de gloeiende zon, schrikwekkend als zij die vaandels opheffen? —Hooglied 6:10

Er is een aloude oorlog aan de gang tegen het vrouwelijke, die tot op de dag van vandaag voortduurt. In alle generaties en culturen is er sprake van een 'langdurige oorlog' tegen het vrouwelijke beeld van God, om te voorkomen dat de kerk zal beseffen met welke kracht en sterkte wij door God onze Vader zijn vervuld. Dit onderwerp ligt mij heel na aan het hart. Ze bevat een bijzonder persoonlijk en intiem gedeelte van mijn eigen verhaal, dat ik lange tijd heel moeilijk heb gevonden om met iemand te delen. Waar ik over wil schrijven is wat ik zou willen noemen een 'mega waarheid', in die zin dat het inzicht bevat dat zich uitstrekt vanaf het begin tot aan het eind. Laten we eerst gaan kijken naar het begin.

In Genesis 3:1-3 lezen we:

'De slang nu was de listigste onder alle dieren van het veld, die de Heer had gemaakt. En Hij zei tegen de vrouw,'
Is het echt zo dat God gezegd heeft: 'Je mag niet eten van

de vrucht van alle bomen in de Hof?' En de vrouw zei
tegen de slang: 'Van de vrucht van de bomen in de Hof
mogen wij eten, maar van de vrucht van de boom die in
het midden van de Hof staat, heeft God gezegd: 'Je mag
daarvan niet eten en hem niet aanraken, anders sterf je.'

Stel je eens even voor. De slang en de vrouw raken met elkaar in gesprek.

Het is belangrijk om te benadrukken dat de slang een serpent was, en niet zomaar een slang. Op veel religieuze schilderijen wordt de Hof afgebeeld met Adam en Eva staande onder een boom, terwijl de slang zich eromheen heeft gerold, waarbij hij in Eva's oor fluistert. Maar dat geeft niet weer hoe het in werkelijkheid is gebeurd. Satan, of Lucifer, was 'de schitterende'. Het Hebreeuwse woord dat voor 'serpent' wordt gebruikt is *nachash*, waarvan het grondwoord de betekenis heeft van 'schitteren'. Pas toen God de serpent vervloekte, werd hij veroordeeld om op zijn buik voort te kruipen en stof te eten. Daar kunnen we veel over zeggen, maar daar gaat het in dit boek niet om.

Om eerlijk te zijn moeten wij erkennen dat Eva in de loop van de geschiedenis veel slechte pers heeft gehad, maar ik kijk daar anders tegenaan. Ik geloof dat satan van meet af aan erop uit is geweest om de vrouw te misleiden. Hij verscheen niet aan haar als het één of andere walgelijke schepsel. Hij *bekoorde* haar. Er moet blijkbaar iets onschuldigs en aanvankelijk aantrekkelijks aan de serpent zijn geweest, waardoor hij het vertrouwen van Eva heeft kunnen winnen. Ik denk dat hij een tijdje geprobeerd heeft haar voor zich te winnen, om zo langzaam met haar een contact op te bouwen. Een vrouw verlangt ernaar te kennen en gekend te worden in relaties. 'De Schitterende' wist dat. Hij kende God en hij was van de schepping getuige geweest. Hij wist maar al te goed dat hij niet uit het niets iemand kon benaderen die op zoek was naar een diepe wederzijdse relatie, om zo haar begrip van wat God tegen haar had gezegd op de proef te stellen. Ik stel me zo voor dat hij de Hof binnenkwam en tegen haar zei: 'Wat zien die bomen er vanochtend mooi uit, hè? Die bloemen in de schaduw van die bomen daar, vind ik zo mooi.' Hij wist heel goed dat zij niet eenvoudigweg zou luisteren naar wat een vreemde zei, dus ontwikkelde hij een doorgaande dialoog met haar – maar het was wel een dialoog met een addertje onder het gras.

Nog iets wat we moeten begrijpen, is dat dit schepsel, satan, er al was voordat de aarde werd geschapen en dat hij een rijke kennis bezat. Hoewel hij uit de tegenwoordigheid van God was geworpen, kende hij God buitengewoon goed. Hij had een meesterlijk plan om het beeld van God te besmeuren en uiteindelijk te vernietigen. Hij kon God niet vernietigen, maar wel het beeld van God. Hij had er veel denkwerk in gestoken en alles nauwkeurig gepland. Ik denk dat hij van plan was een relatie met de vrouw aan te gaan, om uiteindelijk haar vertrouwen te winnen. Ik denk dat er heel wat is voorafgegaan aan wat er in feite is opgeschreven in de Schrift. Het verhaal achter de tekst heeft een context, waardoor het begrepen kan worden. Maar de Schrift vertelt ons meestal alleen wat we moeten weten en het vermeldt niet altijd in detail de achtergrond en de context.

De vrouw antwoordde dus op de indringende vraag van de slang (zijn ondervraging over wat God werkelijk had gezegd) en zoals wij weten citeerde zij God incorrect. Er is veel kwaadgesproken over dit incorrecte citeren, maar het is zo dat zij er in feite niet eens bij was toen God het zei. Hij had het verbod aan *de man* gegeven. Adam moet de boodschap hebben overgebracht aan zijn vrouw, dat ze niet van die boom mochten eten. Haar kennis hiervan kwam niet uit de eerste hand, maar uit de tweede hand. Ik ben ervan overtuigd dat zij er niet bewust op uit is geweest om een slimme streek uit te halen, of om ongehoorzaam te zijn. Ondanks dit alles is het wel een feit dat zij God onjuist had geciteerd.

De serpent reageerde daarop met: 'U zult zeker niet sterven!' (Genesis 3:4') Bijbelgeleerden hebben mij verteld, dat het woord 'U' hier in het meervoud staat. Dit geeft aan dat de man, haar echtgenoot naast haar stond tijdens haar gesprek met de serpent. Dat is van belang, want God had hem de opdracht gegeven om de Hof te bewaken. Dit zat opgesloten in zijn mannelijkheid, maar hij zei geen woord. Adam was passief toen satan Eva begon te verleiden en de woorden van God begon te verdraaien. Hij kwam niet in beweging om de onjuiste citering van Eva te herstellen.

Daarna beloofde satan de vrouw, dat als zij van de boom zou eten, zij inzicht zou ontvangen – dat ze dan zou kennen, zoals God kennis heeft!

Toen zij zag dat die boom 'goed was om van te eten', en dat hij een lust was voor het oog, ja een boom die begerenswaardig was om er verstandig door te worden – nam zij de vrucht en at. En zij gaf ook wat aan haar man, die bij haar was en hij at er ook van.'(Genesis 3:6) Binnen het vrouwelijke huist het verlangen om te koesteren, te verzorgen, en centraal daarin staat het verlangen om in voedsel te voorzien. Eén van de manieren waarop vrouwen voor hun gezin zorgen is door eten voor hen klaar te maken, zodat ze voedsel krijgen. Het gegeven dat het een lust was voor het oog, deed een beroep op de aangeboren waardering voor schoonheid, die deel uitmaakt van het vrouwelijke.

Eva zag dat het ook 'begerenswaardig was om er verstandig door te worden.' Wijsheid wordt in de Schrift altijd getypeerd als een typisch vrouwelijke eigenschap. Zoals we gezien hebben wordt wijsheid in het boek Spreuken neergezet in de persoon van een vrouw.

Wij kunnen dus aannemen dat zij naar iets aan het kijken was, dat een grote aantrekkingskracht had op het vrouwelijke in haar. Dat was nu net datgene waarop de vijand haar aanviel. Dat wetende, viel hij haar bewust aan op haar vrouwelijkheid.

Uitgaande van deze context kijken we verder in het verslag in Genesis. Vers 14, waar staat:

Toen zei God tegen de slang: 'Omdat je dit gedaan hebt, ben je vervloekt onder al het vee en onder alle dieren van het veld! Op je buik zal je gaan en stof zal je eten, al de dagen van je leven.

En Ik zal vijandschap brengen tussen jou en de vrouw, en tussen jouw nageslacht en haar nageslacht; dat zal jou de kop vermorzelen, en jij zult het de hiel vermorzelen.'

Op het punt van de grootste fout die de mensheid heeft gemaakt, zei God tegen de serpent dat hij niet de uiteindelijke overwinnaar zou zijn – God zou een verlosser sturen, het nageslacht van de vrouw die de kop van de serpent zou vermorzelen. De slang zou hem de hiel vermorzelen, maar hij zou de kop van de slang vermorzelen. Toen ik op een dag dit verhaal las, viel me iets op dat ik niet eerder had gezien. Toen ik dat zag, was het alsof er een dolk door mijn hart ging. Toen ik las wat God had gezegd, dat Hij vijandschap zou brengen tussen de serpent en de vrouw, was ik volledig van de kaart. Het verpletterde mijn hart.

Het voelde alsof er een dolk dwars door mijn hart ging. Dit vond plaats toen James en ik bezig waren God de Vader te leren kennen, en op het punt waren gekomen te geloven wat de ware aard van God was, namelijk die van een liefhebbende hemelse Vader. Weet je, wij allen zien God de Vader door de lens van onze eigen ervaring, en mijn ervaring was dat ik een liefhebbende vader heb gehad. Ik was zijn oogappel, maar toen ik veertien was kwam mijn vader op een dag naar me toe en zei dat hij wegging. Hij had een andere vrouw ontmoet en hij zou bij haar en haar drie dochters intrekken. Hij verzekerde mij dat zijn liefde voor mij niet minder was geworden, maar niettemin ging hij toch weg om bij die andere vrouw in te trekken. Hij vroeg mijn toestemming, of ik het goed vond als hij introk bij die andere vrouw.

Omdat ik zijn dochter was wilde ik natuurlijk dat mijn vader gelukkig zou zijn. Ik wilde me als een volwassene gedragen in die situatie, omdat ik nooit in mijn kleine hartje kon geloven dat hij me echt in de steek zou laten – en hij bleef maar zeggen: 'het is niet zo dat ik niet van je houd.'

Dat was dus het achterliggende plaatje van God de Vader dat ik had. Ik was tevreden in Jezus' nabijheid, gelukkig omdat ik Hem kende en van Hem hield om deze reden, dat ik de Vader niet kon — en niet zou kunnen — vertrouwen. Het was allemaal goed en wel te weten dat de Vader van me hield, maar het zei me helemaal niets – omdat er onvermijdelijk een dag zou komen dat Hij tegen me zou zeggen:' Denise, het is niet zo dat ik niet van je hou. Ik *houd echt* van je. Ik houd zielsveel van je, *maar* je bent niet goed genoeg om binnen te komen. Het spijt me. Ik houd van je maar hier scheiden onze wegen. Wij kunnen niet meer bij elkaar zijn.'

Ik was me er niet echt van bewust hoe ik me voelde, maar zo *voelde het wel in mijn hart*. Het was een blokkade die mij verhinderde om de Vader te leren kennen, zoals de bedoeling was dat ik Hem zou kennen, omdat ik Zijn liefde voor mij niet vertrouwde. Ik wist dat er absoluut een dag zou komen waarop onze wegen zouden scheiden.

Toen ik die verzen in Genesis las, dat God vijandschap zou brengen tussen het serpent en de vrouw – werd mijn hart samen geknepen. Ik zag dat vanaf het begin van het bestaan van de mens op deze aarde, God vijandschap had gebracht tussen satan en vrouwen. Al vanaf het begin heeft het serpent zich gekeerd tegen alles wat vrouwelijk is. Ik was er kapot van. Ik moest denken aan alle verschillende culturen en beschavingen in de geschiedenis van de mensheid, waarin het duidelijk een nadeel was om een vrouw te zijn. Het werd me al heel snel duidelijk, dat door de eeuwen heen en op vrijwel elke plek op deze aardbol, aantoonbaar bewijs was voor deze vijandschap tegen het vrouw-zijn. Je zou het kunnen beschouwen als een zwaard om vrouwen aan te vallen of een muur van tegenstand, maar de vijandigheid was zonder enige twijfel aanwezig.

Als we het hebben over de oorlog tegen het vrouwelijke, kan ik je zeggen dat die ook wordt gevoerd tegen de vrouwelijke eigenschappen in de man. Zoals ik al in het eerste hoofdstuk heb geschetst, heeft God zowel in de man als in de vrouw het vrouwelijke geplant. Er is een heel specifieke aanval tegen dit aspect van de natuur van de man. Wanneer ik spreek over de oorlog tegen het vrouwelijke, ben ik heel voorzichtig om te beweren dat de aanval niet haar oorsprong vindt in het menselijk ras. De oorlog tegen het vrouwelijke is ook gericht tegen de mannen. De oorlog is gericht tegen het hart. Ze is gericht tegen alles wat binnenin ons liefde opwekt, tegen wat ons teder, bewogen, creatief en koesterend maakt. Deze eigenschappen worden in een groot gedeelte van de westerse cultuur gekleineerd. In de hedendaagse westerse cultuur zijn de meeste vrouwen geneigd hun vrouwelijkheid te onderdrukken. Zij proberen te leven vanuit hun mannelijke kant, in een poging de maatschappelijke ladder te beklimmen, succesvol te zijn in hun carrière, en zich te verzetten tegen de gedachte dat ze moeder zullen worden of die gedachte zelfs helemaal los te laten. Zonder enige twijfel is onze cultuur voornamelijk mannelijk. Al is de positie van de vrouw in de afgelopen eeuw drastisch verbeterd, die is bij lange na nog niet gelijkgesteld.

Ik zal wat cijfers geven die ons de ogen zullen openen, maar die niettemin waar zijn. Ze zijn behoorlijk up-to-date en komen uit de meest recente verzameling gegevens en onderzoeken. Ze dienen alleen maar om de waarheid van wat ik zeg te onderbouwen. Daar komt het:

- Volgens schattingen van de VN worden er meer dan 200 miljoen vrouwen en meisjes vermist. Deze term 'vermist' verhult wat eigenlijk één van de ergste misdaden tegen de mensheid is. De biologische norm zou moeten zijn, 100 pasgeboren meisjes voor elke 103 pasgeboren jongens, en op die basis zouden er miljoenen meer vrouwen onder ons moeten leven. Als die er niet zijn, moeten ze als 'vermist' worden opgegeven, omdat ze werden vermoord, verwaarloosd of mishandeld. Al deze doden worden niet gerapporteerd.[1]

- In China sterven jaarlijks negenendertig duizend meisjes, omdat hun ouders hen niet dezelfde medische zorg en aandacht geven die de jongens krijgen – dat zijn kinderen van één jaar en jonger.[2]

- Het aantal vrouwen dat onder dwang of door handel in de prostitutie terechtkomt, wordt geschat op ergens tussen de 700.000 en 4 miljoen per jaar. Tussen de 120.000 en 500.000 van hen wordt verkocht aan souteneurs en bordelen, alleen al in Europa. De inkomsten uit de

---

1. Dit staat in een rapport met de titel: *'Women in an Insecure World: Violence Against Women – Facts, Figures and Analysis'* (Vrouwen in een onveilige wereld: Geweld tegen vrouwen – Feiten, getallen en analyses), in 2005 uitgegeven door Marie Vlachova en Lea Biason voor de Geneva Centre Democratic Control of Armed forces. Verder vermeldt deze statistiek dat dit inhoudt dat elk jaar 1.5 tot 3 miljoen meisjes en vrouwen worden gedood door aan geslacht gerelateerd geweld. Leg hiernaast de 2.8 miljoen die sterven aan aids, en de 1.27 miljoen aan malaria. Of, in de meest verschrikkelijke bewoordingen: geweld tegen vrouwen veroorzaakt elke 2 tot 4 jaar een berg lijken gelijk aan die van de Joodse Holocaust.'
2. Kristof, Nicholas D & Wudunn, S, Half The Sky: How to Change the World, Virago Press, 2010).

seks-slavenhandel worden geschat op $7-12 miljard per jaar.[3]

¤ In 2010 werd in India melding gemaakt van 8391 rechts-zaken, waarbij sprake was van dood in verband met een bruidsschat. Wat inhoudt dat er elke 90 minuten een bruid werd verbrand, volgens statistieken die onlangs werden vrijgegeven door het National Crime records Bureau. Een decennium ervoor was het aantal 6995, maar het steeg naar 8093 bruidsschat-doden in 2007.[4]

¤ Tussen de 100 en 140 miljoen meisjes en vrouwen leven met de gevolgen van vrouwenbesnijdenis.[5] Deze praktijk, die veel voorkomt in Afrika is bedoeld om, naast andere zaken, overspel tegen te gaan bij vrouwen. Ondertussen worden er verzinsels rondgestrooid om de praktijk te rechtvaardigen dat miljoenen meisjes ieder jaar misvormd worden, sommigen de dood vinden en anderen ernstige infecties oplopen. Dit gebruik komt veelvuldig voor, hoewel het niet is toegestaan.

¤ In 2008 hebben zich in de VS ongeveer 90.000 mensen bij de politie gemeld, vanwege aanranding. Het Ameri-kaanse Ministerie van Justitie heeft verklaard, dat 91% van de slachtoffers vrouwen en 9% mannen zijn.

¤ De Wereldgezondheidsorganisatie schat dat wereldwijd één op de vijf vrouwen tijdens hun leven het slachtoffer zal zijn van verkrachting of een poging daartoe.[6] Andere informatie duidt erop dat in Canada, Nieuw Zeeland, het Verenigd Koninkrijk en de Verenigde Staten dit

---

3. In hetzelfde rapport staat ook dat er in sommige landen zoals Moldavië er zoveel buitenechtelijke relaties op na worden gehouden, dat het een bedreiging vormt voor het evenwicht van de bevolkingsaanwas.
4. Uit een rapport in *The Daily Telegraph* van 27 februari 2012. Stijging van het aantal bruidsschat-doden in India.'
5. UNICEF, *Female Genital Mutilation Cutting Factsheet*
6. WHO, *Violence Against Women Factsheet* No.239, 2000

aantal één op de zes vrouwen zal zijn.[7] In Zuid Afrika is een angstaanjagende 40 % van de meisjes van 17 jaar en jonger het slachtoffer geweest van verkrachting of een poging daartoe.[8] Wereldwijd omgerekend, is dat een onthutsende schatting van het aantal slachtoffers van 700 miljoen meisjes en vrouwen.

¤ De impact van gewelddadig gedrag tegen vrouwen is anders dan die tegen mannen. Seksueel geweld als tactiek van oorlogvoering wordt al eeuwenlang systematisch bewust gebruikt. Ze wordt gebruikt onder de burgerbevolking om de sociale structuur van de gemeenschap te vernietigen, als een bewuste maatregel om de slachtoffers te besmetten met HIV, om hen gedwongen zwanger te maken, bevolkingsgroepen te verplaatsen en te terroriseren. Men schat dat in Rwanda tussen de 250.000 en 500.000 vrouwen zijn verkracht in minder dan 100 dagen, als onderdeel van de volkerenmoord van 1994, toen er 800.000 werden gedood. [9]

Deze cijfers zijn schokkend om te lezen, maar tonen op een levendige manier dat er een oorlog aan de gang is tegen de vrouw, die heden ten dage nog steeds hevig is. Wereldwijd gezien lijden vrouwen het meeste onrecht op de werkvloer. Volgens hetzelfde VN rapport over de impact die het conflict op vrouwen heeft, bevinden meer dan de helft van de werkende vrouwen zich wereldwijd op een kwetsbare werkplek. Zij zitten gevangen in een onveilige baan, zonder enige dekking door een arbeidswetgeving. In de ontwikkelingslanden is een derde van de vrouwen gehuwd en heeft kinderen voordat ze achttien zijn, waardoor zij te weinig

---

7. UNDP, Human Development Report, 1995: *Gender and Human Development*, p7.
8. UN Habitat, *State of the World's Cities: Trends in Sub-Saharan Africa*, p4.
9. From the report, *In Pursuit of Justice, Progress of the World's Women*, 2011-2012 by the United Nations Entity for Gender Equality and the Empowerment of Women.

opgeleid zijn. In de ontwikkelingslanden hebben de belang-rijkste doodsoorzaken bij meisjes van vijftien tot negentien jaar oud te maken met zwangerschap en geboorte. Wereld-wijd gezien vallen de meeste vrouwen buiten de wet die te maken heeft met de rechten van de vrouw op de werkvloer.

In onze westerse cultuur komt het vaak voor dat zowel de vader als de moeder niet thuis is, omdat zij allebei hun loopbaan najagen. Mijn dochter Amanda die in Sydney woont, is full-time moeder en zij vertelde mij met wat voor vragen andere vrouwen voortdurend bij haar kwamen. Ze vroegen haar wat voor werk zij deed, waarop zij dan antwoordde:

'Ik ben een full-time moeder.'
'Ja, maar wat voor werk doe je eigenlijk?'
'Ik blijf thuis om voor de kinderen te zorgen.'
'Maar je moet toch een baan hebben!'

Het was net alsof alleen maar moeder zijn, niet voldoende was voor Amanda om een volwaardig iemand te kunnen zijn. Met andere woorden, tenzij je een succesvolle carrière hebt, leef je niet ten volle. Veel van deze waarden, zoals 'het zorgen voor' (wat in lang vervlogen tijden de gewoonte is geweest), worden niet meer gekoesterd. Er is een oorlog aan de gang, waarbij wij ons ervoor schamen om toe te geven dat wij bewogen zijn en tederheid voelen voor iemand, bijvoorbeeld op kantoor. De kantoorbediende is vaak iemand waarmee de spot wordt gedreven. We duwen de zwakkere naar de zijkant, of zelfs buiten de groep. Iedereen die opkomt voor de rechten van de zwakkere, zal merken dat hij niet populair is. De tedere en oprechte waarden worden afgekraakt en belachelijk gemaakt. Dat heeft vooral op de westerse cultuur een ongelofelijke uitwerking. Zelfs toen ik nog opgroeide als kind, hechtte men er geen waarde aan dat vrouwen en meisjes een opleiding gingen volgen. Men vond dat vrouwen niet dezelfde intelligentie hadden als mannen.

In veel landen, vooral in ontwikkelingslanden worden meisjes in hun opleiding achtergesteld. In bijna elke streek van de wereld lopen de vrouwen grotere kans 'onderontwikkeld' te zijn – slechts vier jaar of minder basisonderwijs te hebben genoten – dan jonge mannen. In een rapport van de Global Campaign for Education in februari 2012 staat, dat 47 van de 54 landen in Afrika meisjes minder dan 50% kans maken de basisschool af te maken. Slechts vier van de tien vrouwen in Pakistan van ouder dan vijftien jaar, kunnen lezen en schrijven, vergeleken met 70% van de mannen. En twee derde van de 76 miljoen volwassenen in de wereld die niet kunnen lezen, zijn vrouwen.

Toen ik nadacht over wat de Schrift zegt, dat God vijandschap zal brengen tussen de slang en de vrouw, zag ik heel duidelijk dat dit door de eeuwen heen in elke hoek van de aardbol zijn uitwerking heeft gehad. Er is een oorlog gaande tegen het vrouwelijke, en ook tegen de mannen, maar het is zo dat deze vooral hevig is tegen vrouwen, omdat de vrouwen meer van het vrouwelijke beeld van God in zich hebben. Toen ik geconfronteerd werd met deze choquerende waslijst van statistieken, heb ik dagenlang en vele nachten moeten huilen en riep ik het uit tot God: 'Hoe kan ik geloven dat U net zoveel van mij houdt, als een dochter, als U de vijand tegen mij hebt opgezet? U hebt de vijand tegen het vrouwelijke opgezet. Hoe kan ik dan vertrouwen hebben in Uw liefde voor mij?'

Dat was een *enorm* probleem voor me, een obstakel waar ik niet omheen kon. Zelfs als ik naar de westerse beschaving keek, (die voornamelijk Amerikaans georiënteerd is) zie ik hoe de vrouw systematisch onderdrukt wordt. In mijn eigen land, Nieuw Zeeland, bestaat nog steeds geen gelijke behandeling van vrouwen. Vrouwen krijgen nog steeds niet hetzelfde loon voor gelijksoortig werk op de werkvloer. Toen mijn moeder nog werkte waren er vijf mannen die op een gegeven moment onder haar supervisie werkten, die allemaal meer salaris kregen dan zij!

Ik kreeg dus te maken met een groot dilemma. Ik worstelde met de tweedeling, met hoe het mogelijk was dat God aan de ene kant evenveel van mij hield, en toch heel duidelijk het mannelijke bevoordeelde. Ik wist dat het niet altijd zo was geweest. In de Hof, voor de zondeval, was er volkomen harmonie tussen de man en zijn vrouw, een samensmelting van het man-zijn en het vrouw-zijn, het mannelijke en het vrouwelijke. We zien dat er na de zondeval disharmonie en scheiding is gekomen tussen de man en zijn vrouw. Met de woorden van C.S. Lewis: 'Er viel een zwaard tussen de seksen.' [10] *Na* de zondeval zei God: 'Je begeerte zal uitgaan naar je man en hij zal over jou heersen.' Maar toen Jezus kwam, de tweede Adam, herstelde Hij de toestand zoals God die vanaf het begin had vastgesteld. Ik geloof dat God zoiets in gedachten heeft gehad toen Hij Eva aan Adam gaf: 'Jij zal niet over haar heersen, je zult haar liefhebben en je leven voor haar neerleggen. Je zult haar koesteren en samen met haar heersen.' De tweede Adam herstelde wat de eerste Adam was kwijtgeraakt – het neerleggen van het leven van een man voor zijn vrouw.

Toen ik met dat dilemma zat, kwam er nog een gedachte bij me op. En hoe zit het met de kerk? Hoe behandelde de kerk vrouwen? Wat was de heersende houding naar vrouwen in de kerk door de eeuwen heen? Ik kwam er al spoedig achter hoe men in de geschiedenis van de kerk naar vrouwen keek. Laat me enkele uitspraken van de meest vooraanstaande personen in de geschiedenis van de kerk citeren.[11]

---

10. C.S. Lewis, *A Grief Observed* (Het probleem van het lijden), (Faber en Faber, 1961)
11. bron opgezocht door Stephen Hill en Dr. Neil Whitehead.

¤ Clemens van Alexandrië (ca. 150-220 n. Chr.) geloofde dat elke vrouw zou moeten blozen, omdat zij een vrouw is en dat de baard van een man een bewijs is van zijn superioriteit over de vrouw. Hij stelde: 'Mannen hoeven zich nergens voor te schamen, omdat zij begiftigd zijn met de rede; maar voor vrouwen is het zelfs schandalig om erbij stil te staan wat haar aard is.'

¤ Tertulianus (160-240 v.Chr.), de grondlegger van de Latijnse theologie stelde: 'Jullie zijn de toegangspoort van de duivel: jullie zijn degenen die de vloek van die boom hebben ontsloten. Jullie zijn de eersten geweest, die de goddelijke wet de rug hebben toegekeerd...Jullie zijn degenen die hem hebben overgehaald, die de duivel niet heeft kunnen aantasten; jij hebt zo gemakkelijk het beeld van God vernietigd, Adam. Vanwege wat jij verdiende, namelijk de dood, moest zelfs de Zoon van God sterven. En denk jij nog steeds dat jij jezelf mooier kunt maken dan je bent, boven je bekleding van dierenhuid uit? Het oordeel van God rust nog steeds op dit geslacht (de vrouw) in onze tijd, en daardoor ook de schuld.'

¤ Origenes (185-254 n. Chr.), deze eerste systematische theoloog in de kerkgeschiedenis heeft zichzelf gecastreerd. Het volgende wordt aan hem toegeschreven: '...een vrouw mag niet in een samenkomst spreken... mannen mogen niet zitten luisteren naar een vrouw... ook niet als zij fraaie dingen zegt, of zelfs heilige dingen, dat maakt niet uit, omdat die uit de mond van een vrouw komen.' Hij wordt ook als volgt geciteerd: '...God buigt zich niet voorover om naar iets vrouwelijks te kijken en naar iets uit het vlees.'

¤ Ambrosius van Milaan (340-397 v. Chr.) werd in 1298 erkend als één van de vier oorspronkelijke 'Leraren van de Kerk'. Hij was één van de meest invloedrijke bijbelgeleerden uit de vierde eeuw en hij zei: 'Zij die geen geloof heeft is een vrouw en zij moet genoemd worden bij de naam van haar geslacht, maar als zij vooruitgang boekt naar volmaakte mannelijkheid raakt zij de aanduiding van haar geslacht kwijt.'

¤ Augustinus (354-430 n. Chr.), die de reputatie heeft de grootste van alle westerse kerkvaders te zijn, en wiens denken het fundament heeft gelegd van de westerse theologie, geloofde dat wanneer de man met de vrouw was getrouwd zij samen het beeld van God waren. Maar hij geloofde ook, dat wanneer een man op zichzelf was, hij nog steeds het volledige beeld van God was, terwijl wanneer de vrouw niet gehuwd was, zij niet Gods beeld was.[12] Hij legde de schuld voor de zondeval volledig op de schouders van de vrouw. Hij beschuldigde de vrouw er zelfs van dat zij de oorzaak was van de zondvloed! [13]

¤ Thomas van Aquino (1225-1274), die bekend is geworden als de 'Engelachtige Leraar', onderwees dat de vrouw niet op dezelfde manier het beeld van God bezit als de man, waardoor zij geestelijk minderwaardig is. Hij huldigde de mening dat 'de vrouw onvolmaakt is en verachtelijk ... van nature onderworpen aan de man...en onderworpen aan de wet van de natuur, maar een slaaf is dat niet.' Hiermee wordt beweerd dat een slaaf vrij kan worden, maar een vrouw nooit!

---

12. '...de vrouw is tezamen met haar man het beeld van God, zodat de hele substantie één beeld is. Maar wanneer zij tot hulp gegeven wordt aan de man, wat alleen een zaak van haarzelf is, dan is zij geen beeld van God. Maar wat alleen een zaak van de man is, is beeld van God te zijn, even volledig en geheel dan tot één verenigd met de vrouw.' Dat staat in Hoofdstuk 7 van Boek 12 *'Over de Heilige Drie-eenheid'.*
13. Dit kunnen we halen uit Boek 15, Deel 22 van het boek van Augustinus, *'De stad van God'*: 'De oorzaak van dit kwaad lag weer bij het vrouwelijk geslacht.'

¤ Maarten Luther (1483-1546), de alom bekende protestantse hervormer zei: 'Vrouwen mogen niet met iets beginnen of afmaken, zonder een man. Waar hij is zal ook zij moeten zijn, en zij zal voor hem buigen als voor een meester, die zij zal moeten vrezen en aan wie zij onderworpen is en die zij moet gehoorzamen.' Hij zei ook: 'Mannen hebben brede schouders en smalle heupen, en daardoor hebben ze intelligentie. Vrouwen hebben smalle schouders en brede heupen. Vrouwen moeten thuisblijven, de manier waarop ze geschapen zijn geeft dit aan, want ze hebben brede heupen en een breed zitvlak om op te zitten, het huishouden te doen, kinderen te baren en groot te brengen.'

Deze voorbeelden overspannen meer dan duizend jaar kerkgeschiedenis, vanaf de eerste tijd tot aan de Reformatie. Onnodig te zeggen dat vrouwenhaat in de Kerk onverminderd is doorgegaan na de Reformatie, tot in de moderne tijd tot op de dag van vandaag.

En zo gaat het verder! Vrouwenhaat heeft onafwendbaar zijn weg gevonden binnen de Kerk. De Kerk is een onderdeel geworden van het wapenarsenaal van satan in de oorlog tegen het vrouwelijke beeld van Vader God. Wij hebben dat allemaal ervaren en kunnen voorbeelden noemen van vrouwenhaat uit onze eigen christelijke ervaring. Zelfs in de plaatselijke kerk waar wij lange tijd lid van zijn geweest, vond men dat een vrouw alleen de gave van profetie mocht gebruiken als het profetische woord eerst aan haar man gegeven was, maar hij verzuimde die te uiten. In dat geval zou de gave overgedragen worden aan zijn vrouw, zodat zij het uit mocht spreken in de samenkomst! Het was ondenkbaar dat God rechtstreeks tot en door een vrouw zou spreken! Uitgaande van die logica kwam zij tussen twee vuren te staan, omdat zij de ongehoorzaamheid van haar man aan het licht zou brengen als zij de profetie zou uitspreken.

Er zijn *nog steeds* veel kerken, die niet toestaan dat een vrouw ook maar enige positie van leiderschap bekleedt. Dus, al erkent men dat de Kerk geestelijk gezien de Bruid van Christus is, elke vorm van vrouwelijkheid wordt gesmoord. De manier waarop een kerk functioneert, is vaak meer mannelijk dan vrouwelijk. De Kerk wordt vaak afgeschilderd als een leger dat voorwaarts trekt in de strijd – dat voorwaarts trekt om te veroveren.

Veel kerken hebben geen andere *bestaansgrond* of manier van doen, dan veroveren. Natuurlijk hebben we de opdracht om de verlorenen te redden, maar wat ik hier wil duidelijk maken, is dat God ook van *nature vrouwelijk* is en het is Zijn bedoeling dat de Kerk die vrouwelijkheid laat zien.

Het is niet teveel gezegd, als we zeggen dat de hele wereld is zoals ze is, vanwege vrouwenhaat. De haat tegen het vrouwelijke is in elke grote beschaving zichtbaar. Sinds de zondeval is deze wereld ongetwijfeld een mannenwereld geworden. Eigenlijk is het zelfs zo, dat de kerk vrouwenhaat heeft gepropageerd. Veel grote kerkvaders en theologen hebben openbaring en intellect samengevoegd, om zo een dogmatisch fundament te leggen, waarop onze huidige theologie rust. Maar de houding die zij aannemen jegens vrouwen laat een ontstellende onverdraagzaamheid zien in uitspraken, die niet in overeenstemming zijn met hun overige onderwijs. Het onderwerp vrouwen schijnt een venijnige haat op te roepen, die voortkomt uit een diepe emotionele boosheid in plaats van weloverwogen intellectuele argumenten. Bijvoorbeeld, wanneer overwogen wordt om het woord 'moeder' voor God te gebruiken, reageren veel theologen bijzonder heftig in hun afwijzing van zo'n woord. Waarom worden zij daar zo furieus over? Waarom wekt het zulke negatieve emoties op? Ik geloof dat dit komt door vrouwenhaat. Het gaat verder dan alleen een intellectuele discussie. Ze beschouwen het als een belediging van God, wanneer je vrouwelijke eigenschappen toeschrijft aan Hem. Waarom? Omdat het vrouwelijke wordt veracht en gezien wordt als iets dat van oorsprong inferieur is aan mannelijkheid. Daarom is het ondenkbaar in de optiek van een vrouwenhater om vrouwelijkheid toe te schrijven aan God. De onderliggende gedachte daarbij is dat het vrouwelijke op de een of andere manier niet zo waardevol is als het mannelijke. Als Jezus de 'tweede Adam' is, dan is de roeping van de Kerk de 'tweede Eva' te zijn. Geestelijk gesproken is de Kerk geroepen 'de moeder van al het levende' op aarde te zijn – dat is haar bestemming. God wil dat de Kerk de moeder van alle leven zal zijn, de leven-gever. Degene die voedt, koestert en schept. Zij is degene die vorm geeft aan anderen, zodat zij alles worden waarvoor God hen geschapen heeft.

De Kerk wordt ook dikwijls beschreven als ziekenhuis – een plek waar de verwonde en gebroken mensen kunnen komen om genezing te ontvangen. Maar je zou er nog meer over kunnen zeggen. Paulus zegt dat 'door de gemeente aan de overheden en de machten in de hemelse gewesten de veelvuldige (meervoudige of veelzijdige) wijsheid van God bekendgemaakt zou worden.' (Efeze 3:10). Jammer genoeg zien we zo vaak alleen de mannelijke uitdrukking van wie God is. Dat is maar één kant van Hem. Het vrouwelijke van God ontbreekt aan de uitdrukking van het kerkelijke leven. We zien dat men erop uittrekt om de verlorenen te redden, maar ze hebben geen bewogenheid voor hen. We zien dat kerken proberen het 'Koninkrijk te bouwen', maar de bewogenheid vanuit hun hart zie je niet. Toen Jezus naar de verlorenen keek, was Hij met innerlijke ontferming bewogen, omdat Hij zag dat zij waren als 'schapen zonder herder' (Mattheüs 9:36). Het leven en de bediening van Jezus kwamen voort uit een hart dat overvloeide van bewogenheid en tederheid. Jezus bracht zowel de mannelijkheid als de vrouwelijkheid van het beeld van God de Vader ten volle tot uiting.

Ik wil je graag iets over mijzelf vertellen. Toen ik een christen was geworden, ben ik veel boeken gaan lezen. Een boek dat een bijzonder grote uitwerking op mij heeft gehad, was een boek van Jean Vanier dat *'Gemeenschap en Groei'* heet.[14] In dat boek gebruikt hij een uitdrukking die erg tot mijn verbeelding sprak. Hij gebruikte de uitdrukking 'onze diepste verwonding.'[15] Toen ik dat las vroeg ik de Heer: 'Heer, wat is mijn diepste verwonding?' Ik dacht dat de Heer mij prompt antwoord zou geven op mijn vraag en dat ik op dezelfde voet met mijn leven verder zou kunnen gaan. Ik zou mijn leven leiden als voorheen, terwijl ik wist wat mijn diepste verwonding was. Maar de Heer gaf geen antwoord op mijn vraag; Hij heeft me nooit geopenbaard wat mijn diepste verwonding was.

Ik ben jarenlang behoorlijk gefrustreerd geweest – en al die tijd is God met mij bezig geweest – maar ik heb nooit antwoord gekregen op mijn vraag: 'Wat is mijn diepste verwonding?'

Maar toen Hij mij meenam op deze reis, waar ik nu over schrijf – en mij de aloude vijandschap van de serpent tegen het vrouwelijke beeld van God liet zien, begon ik meer en meer na te denken over wat ik zelf had meegemaakt.

Toen ik nog jong was ben ik vaak bij mijn oma van mijn moeders kant geweest. Ik heb heel vaak en lang bij haar gelogeerd. Zij was alles wat ik graag zelf wilde zijn. Als ik bij haar logeerde kwam ze elke avond bij mij op mijn slaapkamer om naar mijn gebeden te luisteren. Ik zei dan: 'Lieve Jezus, vriendelijk en zachtmoedig, kijk toch naar dit kleine kind.

---

14. Jean Vanier heeft in 1964 de 'Ark Gemeenschap' opgericht. Het is uitgegroeid tot een internationaal netwerk van gemeenschappen voor mensen met verstandelijke beperkingen.
15. 'In zo'n gemeenschapsverband kunnen we erachter komen wat onze diepste verwonding is en leren daarmee om te gaan…en vanuit deze verwonding hebben wij steeds geleefd.' P. 18

God, zegen mama, God zegen papa, God zegen ons gezin. Wilt U van Denise een lief meisje maken. Amen!' Ik denk dat zij mij leerde zeggen: 'Wilt U ervoor zorgen dat Denise een lief meisje wordt!' Zij was heel lief en zorgzaam en ik hield heel veel van haar. Maar toen ik bij haar logeerde kwam er af en toe een gast langs, die bleef slapen. Die man begon mij seksueel te misbruiken. Daar begon hij mee toen ik nog heel jong was en hij is daar jarenlang mee door gegaan.

Op een avond, toen mijn oma naar mijn avondgebed luisterde, flapte ik het eruit wat die man allemaal met mij had gedaan – de meest recente keer had diezelfde dag nog plaatsgevonden! Mijn arme oma was zo geshockeerd toen zij dat hoorde, dat zij achteruit deinsde, haar ogen wijd open gesperd. Met haar vingers op de lippen liep zij achteruit naar de deur. Ze hapte naar adem: 'Ssst, sst! Niemand vertellen! Niemand zal je geloven!' En terwijl ze de deur uitliep, fluisterde ze gehaast: 'Het doet er niet toe! Het doet er niet toe!' en ze verdween uit het zicht. Dat was het enige dat ik hoorde. Verder werd er niets gezegd. Ik geloofde dat het er niet toe deed.

Jaren later kwam ik erachter dat de reden waarom zij zei 'het doet er niet toe!' – losstaand van het feit dat ze eigenlijk niet wist hoe zij erop moest reageren – was, dat zij duidelijk van plan was om in te grijpen en een einde te maken aan het misbruik. Zoals ik al zei, het kostte me zo'n 40 jaar om erachter te komen wat zij *eigenlijk bedoelde* toen ze zei: 'Het doet er niet toe.'

Maar het misbruik stopte niet. Het ging op dezelfde manier door. Jaren later vroeg ik aan mijn moeder waarom niemand iets had gedaan, om een eind te maken aan dat misbruik. Toen mijn moeder erover hoorde was ze erg van streek, omdat zij had gedacht dat het was gestopt! Klaarblijkelijk was er familieberaad geweest, nadat ik mijn oma had verteld wat er was gebeurd met mij. Ze confronteerden die man ermee en zeiden hem dat hij ermee moest stoppen, maar dat hebben ze mij niet verteld. Die man legde het naast zich neer en het misbruik ging gewoon door. Omdat het misbruik onverminderd doorging, bleef ik achter met de woorden die naklonken in mijn oren: 'Het doet er niet toe!' Die woorden bleven zich maar herhalen in mijn hoofd. Veel slachtoffers van misbruik ontwikkelen een kleine mantra, die zij voor zichzelf blijven herhalen om zich op die manier los te maken van wat er met hen aan de hand is. Mijn kleine mantra werd: 'Het doet er niet toe. Het doet er niet toe. Het doet er niet toe!' Ik weet nog dat ik naar het plafond in mijn slaapkamer lag te staren en steeds opnieuw in mijzelf zei: 'Het doet er niet toe. Het doet er niet toe. Het doet er niet toe!' Op die manier kwam ik er doorheen.

Het is opvallend dat ik door de jaren heen honderden mannen en vrouwen heb gecounseld die seksueel misbruikt werden. Ik ben nooit vergeten dat ook ik seksueel ben misbruikt – maar op de een of andere manier deed het er niet toe! Zelfs in die mate dat ik me soms verbaasde over de diepe nood van degenen die seksueel misbruikt waren. Ik vroeg me af waarom het mij niet zo had geraakt als degene die tegenover mij zat. Het kwam alleen maar even in mijn gedachten op dat ook ik misbruikt was geweest, maar dat was alles.

Jaren gingen voorbij. Mijn vader had ons gezin in de steek gelaten en trok in bij een andere vrouw. En toen gebeurde er iets.

Op een avond was ik aan het babysitten voor een vriendin van wie het huwelijk ook op de klippen was gelopen. Onze vriendin had vijf kinderen van twee tot twaalf jaar. Het was rond 1960 en er was nog geen televisie in huis. Ze was naar de bioscoop met een andere vriendin en ik was daar alleen in huis. De verantwoording voor de kinderen lag op mij. Ik was veertien.

Plotseling werd er op de deur geklopt. Toen ik opendeed stond er een man. Hij was duidelijk dronken en stond onzeker op zijn benen heen en weer te schommelen, terwijl hij zich in evenwicht hield tegen de muur. Hij stelde zich voor als vriend van de eigenaar van het huis. Ook al was die man een volslagen vreemdeling voor mij, toch nodigde ik hem uit binnen te komen en bood aan een kopje thee voor hem te zetten.

Zodra hij binnen was greep hij me beet zonder zich een ogenblik te bedenken, drukte me tegen de grond en begon me te verkrachten. En te midden van dit trauma was het enige waar ik aan kon denken – 'het doet er niet toe!'

Wat ik nog veel angstaanjagender vond, was de verantwoordelijkheid die ik voelde voor de kinderen die aan mijn zorg waren toevertrouwd. In die tijd was ik nogal naïef voor zover het seksualiteit betrof, en ik was doodsbang door wat er met me gebeurde. Ik realiseerde me niet hoe belangrijk deze gebeurtenis eigenlijk was. Mijn grootste zorg echter was wat hij daarna zou kunnen doen met de kinderen. *Wat zou hij met hen doen als hij met mij klaar was?* Hoe zou ik hem kunnen verjagen? Hoe zou ik hem kunnen tegenhouden, om dit met het meisje van twaalf jaar te doen? Wat zou hij doen met het meisje van zeven? Van vijf? Van twee? Gelukkig hoefde ik me daarover geen zorgen meer te maken, omdat hij al spoedig in slaap viel en nog sliep toen onze vriendin thuiskwam.

Ik vertelde niemand iets over wat er met mij was gebeurd. Op dat moment werd er in ons stadje een verkrachtingszaak bij de rechtbank behandeld. Maar het gesprek van de dag in de stad ging niet zozeer over de verkrachter, maar over het meisje dat verkracht was. Lag het misschien aan haar? Had zij er aanleiding toe gegeven? Of had zij hem in verleiding gebracht op de een of andere manier? Wat had ze aan, waardoor hij zich niet kon beheersen? Communiceerde zij op de een of andere manier dat het wel oké was? Op dat moment waren ook mijn vader en moeder bezig van elkaar te scheiden. Ik was er kapot van dat mijn vader ons gezin in de steek ging laten. Ons gezin maakte een heel verdrietige tijd door en ik had het gevoel dat ik er niet nog een probleem aan toe kon voegen. Dus bleef ik mezelf wijsmaken dat het er niet toe deed, kropte het op en zei niets. Ik weet nog dat ik naar school liep en de stenen wegschopte terwijl ik liep en de hele weg naar school toe mijn mantra bleef herhalen, 'Het doet er niet toe, het doet er niet toe, het doet er niet toe.'

Het leven ging verder. Toen, nadat James en ik getrouwd waren, werden wij jaren later voorganger van een kerk. Aanvankelijk weigerde ik om samen met James een kerk te leiden (omdat we in een burn-out hadden gezeten), maar ik kon een toenemende liefde voor mensen niet weerstaan en dus stemde ik erin toe om samen met James leiding te geven aan die kerk. Op een dag kwam er een lid van onze gemeente naar mij toe, die vroeg: 'Denise, zou je met mij mee willen naar een conferentie die ik organiseer?' De conferentie zou geleid worden door een groep die 'Desert Streams Ministries' werd genoemd. Zij hadden een programma dat 'Levend Water' heette. Ze waren Amerikaans en op dat moment nog niet actief in Australië of Nieuw Zeeland. Deze man had het programma doorlopen in de VS en hij geloofde dat het Lichaam van Christus in Nieuw Zeeland dit echt nodig had. Het *Levend Water* programma was bestemd om mensen te helpen die seksueel en relationeel gebroken waren. Volgens mij gold dat voor ons allen, omdat niemand van ons seksueel en relationeel volmaakt is. Mijn eerste reactie was de uitnodiging naast me neer te leggen. Ik had geen trek in *nog een christelijke conferentie.* Maar vervolgens veranderde ik van gedachten en ging ik er met tegenzin naartoe, omdat ik vond dat het mijn plicht was ter wille van de gemeente. Tenslotte had ik er zelf mee ingestemd om samen met James de gemeente te leiden. Dus zei ik tegen de Heer: 'Als er ook maar iets in mij is dat U wilt aanraken of genezen, dan wil ik dat toelaten, het doet er niet toe wat het is', en ik ging naar die conferentie.

Op de conferentie kwam er onvermijdelijk een sessie op een avond, waarbij de aandacht werd gericht op seksueel misbruik. De spreker had het erover wat voor invloed seksueel misbruik op ons heeft: op onszelf, op onze relaties, ons huwelijk, ja op ons hele leven. Hij sprak over wat we erdoor kwijtraken. Snap je, voordat wij diegene die ons heeft misbruikt echt kunnen vergeven en vrij kunnen worden, moeten we beseffen wat we zijn kwijtgeraakt. Seksueel misbruik heeft veel mensen erg veel gekost. Hierdoor is het voor sommigen niet mogelijk om een intieme relatie in stand te houden. Voor anderen betekent het, dat ze nooit helemaal zichzelf kunnen geven in een seksuele relatie.

En toen zei de spreker: 'Voor hen die seksueel zijn misbruikt, ik wil jullie vragen te gaan staan.' Zoals altijd was mijn eerste gedachte: 'Nou ik hoef niet te gaan staan, omdat het op mij geen invloed heeft gehad.' Toen kwam de Heilige Geest en zei: 'Wacht even! Weet je nog ons gesprek in de auto? Ik dacht dat je zei, dat je alles wilde toelaten waar Ik Mijn vinger op zou willen leggen, zelfs als het iets kleins betrof.' Dus toen de mensen opstonden, stond ik ook op. De spreker zei: 'Ik wil op de bres gaan staan en de plaats innemen van degene die misbruik heeft gepleegd – als man – en ik vraag jou mij te vergeven voor het misbruik wat jou is overkomen,...omdat het er wel toe doet!'

Toen hij die woorden zei, '... *omdat het er wel toe doet*', was ik volkomen gevloerd. Het was alsof ik een stomp in mijn maag had gekregen. Niets anders zou er zo op ingehakt kunnen hebben als die woorden: 'Het doet er wel toe!'

Mijn kin sloeg bijna tegen mijn knieën! Mijn benen begaven het en ik viel zo snel voorover, dat voordat ik het wist, ik een knielende houding had aangenomen. Alle opgekropte emoties van al die jaren welden op uit het diepst van mijn ziel in één grote rivier van tranen. Het leek wel alsof de tranen vanuit mijn voeten naar boven kwamen, door mijn hele lichaam heen gingen, en met geweld door mijn ogen naar buiten werden geworpen. Ik huilde zo hevig dat ik het gevoel had dat mijn gezicht losliet. Het leek alsof er geen eind aan kwam. De herinnering aan de verkrachting, het trauma en alles wat al die jaren was onderdrukt door mijn ontkenning, daarvan werd ik mij nu scherp bewust. Al die gevoelens van machteloosheid en hulpeloosheid, de kwetsbaarheid en de pijn gutsten naar buiten. Ik had het gevoel alsof er rivieren uit mijn ogen stroomden. Mijn traanbuisjes waren te klein om de vloed van tranen te bevatten die uit mijn ogen vloeide. Ik huilde en huilde en huilde.

Terwijl ik zo op de grond lag en het huilen minder werd en er vrede neerdaalde in mijn ziel, hoorde ik de Heer tot me spreken. Ik kon het zo duidelijk in mijn geest horen. Hij zei: *'Denise — dit is jouw diepste verwonding! Jouw diepste wond is dat jij een vrouw bent.'*

Toen Hij dat tegen mij zei, wist ik, dat ik wist, dat ik wist, dat Hij gelijk had!

Al vanaf het moment dat ik nog klein was, vanaf het allereerste begin van mijn leven, wist ik dat het niet goed was om een meisje te zijn. Zelfs al voordat het misbruik begon, wilde ik een jongen zijn. Ik stond altijd al bekend als een robbedoes, die het opnam tegen de jongens in mijn klas en in de straat waar ik woonde. Ze vroegen mij altijd in het jongensteam, zelfs nog voordat de jongens werden gevraagd.

Ze kozen mij omdat ik zo'n volleerde 'jongen' was. Ik kon goed rennen, goed gooien, goed vangen. Ik was behendig en bedreven in alle sporten die jongens altijd doen. Mijn identiteit was erg mannelijk. Ik wilde sterk zijn. Ik wilde op mezelf kunnen staan. Ik wist al heel jong dat ik onafhankelijk wilde zijn, omdat ik er niet van op aankon dat iemand anders mij zou beschermen. Ik wilde mijn eigen leven leiden. Ik wilde mijn eigen leven inrichten, maar dat had allemaal te maken met dat ik me niet kwetsbaar wilde opstellen. Ik wilde niet de kwetsbaarheid van een 'klein meisje'. Daarnaast waren er nog het seksueel misbruik en de verkrachting, en de machteloosheid dat ik niet in staat was mezelf te verdedigen en niemand had om me te verdedigen.

Toen al die tranen tevoorschijn kwamen, zei God zo vriendelijk tegen me: '*Dit* is jouw diepste verwonding. Dat je een vrouw bent, dat is jouw diepste wond.' En ik wist dat Hij volkomen gelijk had toen Hij die woorden zei. Ik kan het alleen maar als volgt beschrijven wat er daarna gebeurde: het was alsof ik gedoopt werd in vrouwelijkheid. Ik werd ondergedompeld in een golf van vrouwelijkheid. Hij vulde aan wat er in mij ontbrak. Ik werd volledig vervuld met het verlangen vrouwelijk te zijn en me daar niet voor te hoeven schamen. Alle schaamte over 'de gevallen vrouw' te zijn, vloeide met de tranen weg. Het verdween gewoonweg.

Toen Hij die woorden uitsprak, doopte Hij me in de ware vrouwelijkheid een vrouwelijkheid die niet zwak is. Hooglied zegt over de geliefde bruid:

Je bent mooi, mijn liefste, als Tirza, bekoorlijk als Jeruzalem, schrikwekkend als zij die vaandels opheffen…(6:4)…Wie is zij die verschijnt als de dageraad, mooi is als de volle maan, zuiver als de gloeiende zon, schrikwekkend als zij die vaandels opheffen? (red. In het Engels staat er: majestueus als de sterren in optocht)' (6:10).

Er zit iets moois en zachts in het vrouwelijke, maar er zit ook kracht in. Een kracht die anders is dan de mannelijke kracht, een innerlijke kracht die je niet onder de voet kunt lopen, die je niet kunt onderwerpen en overmeesteren, maar die zich alleen vrijwillig overgeeft. Er is een kracht in het vrouwelijke die van binnenuit komt. De kracht van het mannelijke komt van buitenaf, die is extern, maar de ware vrouwelijkheid die uit God is, kent een sterkte die van binnenuit komt. God doopte mij met de vrouwelijkheid die van Hem komt.

Na deze ontmoeting ging ik naar huis en vertelde alles aan mijn familie. Ik vertelde hen wat er allemaal was gebeurd. Ik vertelde hen over het seksuele misbruik. Ik vertelde hen dat ik verkracht was geweest, en ik verhaalde uitvoerig hoe God mij wonderbaarlijk genezen had. Een poosje daarna was ik iets heel gewoons aan het doen – ik was zeker niet aan het bidden – en God sprak opnieuw tot me. Ik hoorde Zijn stem zo duidelijk in mijn geest. Als God spreekt, weet je precies waar Hij het over heeft. Ik hoorde Hem zeggen: 'Ga terug en kijk nog eens tot wie Ik spreek.'

Ik wist meteen dat Hij het had over Genesis 3. Hij had het over het vers waarin staat: 'Ik zal vijandschap zetten tussen u en de vrouw.'

Toen Hij dat zei, wist ik onmiddellijk wat Hij bedoelde. In mijn gebrokenheid had ik de plank volkomen misgeslagen wat betreft de betekenis van dit vers. Als Hij Zich tot de vrouw had gericht, zou het precies betekend hebben wat ik altijd al had gedacht dat het betekende. Maar Hij sprak niet tegen de vrouw! Hij sprak tot de serpent! Meteen kreeg ik een beeld in gedachten van wat er op dat moment in de Hof had plaatsgevonden. Ik had me altijd voorgesteld dat God teleurgesteld was. We horen wel vaker over het 'gebroken hart van God' en dat kleurde mijn kijk op wat er was gebeurd. Ik ben er zeker van dat de diepte van Gods gevoelens niet kan worden gepeild, maar Hij heeft Zijn liefde en bewogenheid voor Zijn kinderen nooit verloren.

Ik heb me altijd voorgesteld dat God *naast* de serpent stond en tegen de vrouw zei: 'Nou, jij zal pijn lijden als je een kind gaat baren en Ik zal je laten lijden. Je echtgenoot zal over jou heersen.' Ik stelde me zo voor, dat alles wat de vroege kerkvaders hadden gezegd over vrouwen in feite een herhaling was van wat God oorspronkelijk tegen de vrouw had gezegd, en in het verlengde daarvan tegen alle vrouwen. 'Omdat jij dit hebt gedaan zal de man jou volledig overheersen, en terecht! En wat nog meer is, dat verdien je ook!'

Maar dat gebeurde er *niet*. Toen Hij sprak, zag ik Hem een stap doen – om *bij* de vrouw en haar echtgenoot te gaan staan. En vanaf *dat* standpunt richtte Hij Zich tot de serpent.

Het gesprek ging tussen de serpent en de vrouw, maar dat was slechts één veldslag. Misschien dat de eerste ronde voor de serpent was, maar de oorlog was bij lange na nog niet voorbij. De serpent had inderdaad de eerste schermutseling met de vrouw gewonnen toen zij van de vrucht van de boom had gegeten, maar wij kijken naar het grotere beeld, toen God tegen de serpent zei: 'Jij denkt dat je gewonnen hebt. Jij gelooft dat je Mijn beeld bezoedeld en vervuild hebt, *maar* Ik ga vijandschap zetten tussen jou en de vrouw, tussen jouw zaad en dat van haar.'

Weet je wie de vrouw eigenlijk is in deze geschiedenis? De vrouw is de kerk – de tweede Eva. We weten dat het zaad van de vrouw spreekt over Jezus, maar de vrouw spreekt van de kerk en die zal uiteindelijk de vijand verslaan. Zo kijkt God hiernaar. Door de eeuwen heen heeft de serpent de grote leugen volgehouden dat God hem tegen ons heeft opgezet. De hele wereld is door deze misleiding op een dwaalspoor gezet, maar er komt een dag dat wij hem zullen aankijken en zeggen: 'Is *dit* degene die over de aarde heeft geheerst?' Het is niet te geloven, dat we hebben toegestaan dat hij ons misleidde en hem macht over ons hebben laten uitoefenen. Dank God, dat de Heilige Geest openbaring geeft over de ware aard van onze plek en autoriteit in Christus. Waar het allemaal om draait, is dat niet hij zozeer onze vijand is, als wel dat wij *zijn* vijand zijn. De rollen zijn volledig omgedraaid. Hij is niet tegen ons opgezet – zoals ik dacht dat er in Genesis 3:15 staat – wij zijn *tegen hem* opgezet.

Laat niet toe dat hij tegen je liegt, dat hij een wettelijk recht heeft en een door God gegeven autoriteit in je leven is. Geloof niet dat satan het onvervreemdbare recht heeft om je voortdurend lastig te vallen en je te verhinderen binnen te gaan in de volle erfenis, die je als zoon en dochter van God hebt ontvangen. Nee! Hij heeft steeds tegen ons gelogen dat hij onze vijand is. God laat duidelijk zien dat het tegenovergestelde de waarheid is. *Wij zijn zijn vijand.* Petrus zegt dat de vijand rondgaat àls een briesende leeuw, zoekende wie hij kan verslinden.' (I Petrus 5:8). Hij is geen briesende leeuw; hij *lijkt* alleen op een briesende leeuw.

Iemand heeft ooit gezegd dat wij alleen maar tegen satan hoeven te zeggen: 'Jij kan niet brullen. Je kunt alleen sissen!' Satan houdt ervan om te doen alsof hij gezag heeft over de gelovige en zolang het hem lukt ons te misleiden, kan hij in zekere zin macht uitoefenen. Maar wanneer wij gaan beseffen hoe God ernaar kijkt, zullen we er steeds meer achter komen dat zijn leugens geen macht over ons hebben. De waarheid, geliefde, is dat *wij zijn* aartsvijand zijn, de oorzaak van zijn ondergang! (Romeinen 16:20).

Een paar jaar geleden, toen James en ik voorgingen in een dienst in Minneapolis, kwamen twee voorbidders naar me toe na de samenkomst en begonnen voor mij te bidden. Ze waren diep bewogen. Zo erg zelfs dat zij mijn enkels vastpakten en luidkeels huilden. Daarna sprak één van hen uit:

'Als het ware vrouwelijke is hersteld, zal de Bruid geopenbaard worden!'

Sta daar eens bij stil! Als het ware, volledige beeld van God wordt hersteld, zal de Bruid van Christus opstaan in haar autoriteit over alle macht van de vijand. Zij zal satan onder haar hiel vermorzelen. Daarom gaat de vijand zo te keer in zijn aanval tegen het vrouwelijke, omdat hij weet dat wanneer hij de voedster kan vernietigen hij het hart van de volgende generatie kan vernietigen. Waarom? Omdat het hart tot leven komt door de voedster. Het vrouwelijke plaatst het hart in de mensheid. Historisch gezien is het Lichaam van Christus altijd heel sterk in 'het hoofd' geweest, maar nu komt ons hart tot leven. Velen van ons hebben het contact met hun hart volledig verloren. Wij weten niet waar ons hart is, of hoe we moeten leven vanuit ons hart. De Heer is bezig dit vermogen aan ons terug te geven, zowel individueel als gezamenlijk.

Het herstel van het ware vrouwelijke, het tevoorschijn komen van het vrouwelijke beeld van God, is een enorm belangrijk punt omdat de *Bruid vrouwelijk is*. Maar we moeten wel erkennen dat vrouwelijkheid het sterkste is in vrouwen en dat hebben wij niet naar waarde geschat. Mannen hebben dat niet naar waarde geschat, en vrouwen hebben dat niet naar waarde geschat. Zelf heb ik vrouwelijkheid gehaat en ook het feit dat ik een vrouw was. De kerk heeft het niet naar waarde geschat, en de maatschappij ook niet. De hele mensheid heeft bewust en onbewust deelgenomen aan vrouwenhaat, aan de aanval op het vrouwelijke. Het is noodzakelijk dat zowel mannen als vrouwen stappen ondernemen om het vrouwelijke vrij te zetten, naar waarde te schatten en te eren. Het vrouwelijke is door de neiging van het gevallen mannelijke om te overheersen en het heft in handen te nemen, uitgebuit en misbruikt. Onderdeel van het mandaat van onze bediening is hierover openbaring te brengen, en ervoor te zorgen dat men zich bekeert van de overheersing van het mannelijke, zodat het ware beeld van God – zowel het mannelijke als het vrouwelijke – in heerlijkheid hersteld kan worden. Het is van vitaal belang dat het ware vrouwelijke in *zowel* de man *als* in de vrouw wordt hersteld, zodat wij alles kunnen worden wat God voor de Bruid van Christus in gedachten heeft.

4 | De Twee Paradigma's

*De dans die wij uitvoeren staat in het middelpunt en
voor de dans zijn alle dingen gemaakt.* — C.S. Lewis

In Zijn liefde verlangt God naar de intieme relatie met
Zijn creatie, de mens. Dat is Zijn verlangen al van meet af
aan geweest, daarom heeft Hij haar geschapen en daarom
heeft Hij haar vrijgekocht, door de dood van Zijn Zoon
aan het kruis. Het grote doel dat Hij voor ogen heeft, is dat
wij binnen zullen treden in de plaats waar we verenigd
zijn met Hem. Er bestaat een centrale en essentiële relatie
waar wij voor geschapen zijn een relatie die onze eeuwige
bestemming is. De verbazingwekkende waarheid is, dat wij
zijn geschapen om deel uit te maken van de relatie die zich in
het middelpunt van alle dingen bevindt – de Drie-éénheid.
Wij zijn geschapen vanuit de wederkerige liefde die in God
is en precies diezelfde liefdesrelatie is onze bestemming.
In dit hoofdstuk wil ik deze geweldige waarheid over onze
identiteit in God verder uitdiepen.

Wij weten dat er veel verschillende benamingen worden
gebruikt om God te beschrijven. Neem bijvoorbeeld de
benaming 'De Eeuwige'. Er zijn ook veel benamingen van
Jezus, zoals 'Koning der koningen' en 'Heer der heren.' Het
zijn terechte benamingen, want God is inderdaad Degene die
voor alle dingen al bestond. Jezus is en zal ook altijd Heer

en Koning zijn, maar in het spectrum van een intieme en familiaire relatie, kennen wij God door twee verschillende relationele paradigma's. Het ene paradigma is dat van God als 'Vader' – en het andere paradigma is dat van God als 'Bruidegom'. Dat zijn de twee manieren waarop wij tot in eeuwigheid intiem met God zullen leven.

Het fundament voor deze twee paradigma's wordt in Genesis 2:7 gelegd:

'Toen vormde de Heere God de mens uit het stof van de aardbodem en blies de levensadem in zijn neusgaten; zo werd de mens tot een levend wezen.'

De schepping van Adam is in feite het eerste beeld van God die 'Vader' werd op aarde. In het geslachtsregister van Jezus in het Evangelie van Lucas, wordt naar Adam verwezen als 'de zoon van God' (Lucas 3:38). Genesis 2 beschrijft het begin en de vorming van Gods Vaderschap, zoals die door de menselijke wezens op aarde werd ervaren.

Het meeste van wat wij onderwijzen in onze bediening, is bijna alleen voortgekomen uit de vragen die James en ik aan God hebben gesteld. Door de jaren heen hebben we God vragen gesteld over veel zaken in het leven en de Schrift die wij niet begrijpen. En daar is God, op Zijn tijd – en soms duurde dat jaren – op teruggekomen met antwoorden. Die antwoorden bevatten veel openbaring en waren veelzeggend.

Ik weet nog dat ik God een vraag stelde, nadat ik het tweede hoofdstuk van Genesis had gelezen. In vers 18 zegt God: 'Het is niet goed dat de mens alleen is. Ik zal hem een helper geven die bij hem past.' Ik herinner me dat ik dat las en dacht: 'God, U kent het begin en het einde. U weet alle dingen. Als U wist dat er een tijd zou komen, dat U zou zien dat het niet goed was dat de mens alleen was – waarom heeft U dan niet meteen, vanaf het begin, hun tweeën (man en vrouw) gemaakt?' Waarom heeft U hen niet gelijktijdig geschapen, de man en zijn vrouw?'

In feite weten wij niet precies hoe lang Adam alleen is geweest. Wat we wel weten is dat God zei dat het niet goed voor hem was om alleen te zijn. En toen maakte God een helper voor de man. Het woord 'helper' wordt in de oorspronkelijke taal vaak gebruikt in verband met God zelf. Bijvoorbeeld in Psalm 54:4, waar staat: 'God is mijn helper.' Of: '… in hoge mate een *hulp* in benauwdheden' (Psalm 46:2). Het is hetzelfde stamwoord (*ezer* in het Hebreeuws), dat hier wordt gebruikt in Genesis, toen God zei: 'Ik zal hem een helper geven die bij hem past.' Hieruit volgt dat de 'helper die bij hem past' voor Adam, de vrouw, een helper zal zijn die de manier weerspiegelt waarop God helpt.

Ik stelde God deze vraag, waarom Hij de man en de vrouw niet vanaf het begin samen heeft gemaakt. Waarom wachtte Hij met het scheppen van de vrouw? Het duurde vele jaren, voordat God mij antwoord gaf. Ik denk dat Hij daarvoor een reden had. Ik denk dat het komt, doordat wij vaak nog veel moeten leren, voordat wij het ware antwoord op de vraag kunnen begrijpen. Soms stellen we God een vraag – maar als Hij ons meteen antwoord zou geven, zouden we het niet begrijpen. We zouden niet het volle begrip hebben, dat God wil dat we hebben. Dus wacht Hij, totdat we een sterkere basis van begrip binnen in ons hebben, zodat we meer openbaring kunnen ontvangen.

Toen God mij uiteindelijk antwoord gaf op mijn vraag, openbaarde Hij mij dat Genesis 2:18 een waarheid beschreef, die veel groter en diepgaander was dan alleen maar Adam en zijn vrouw. Het was een beschrijving van God als Vader, Jezus als de Bruidegom en de Gemeente als de Bruid. Ik weet nog dat ik op deze twee paradigma's aan het mediteren was – God als Vader en God als Bruidegom – en ik vroeg me af:

'God, hoe verhoudt dit zich tot elkaar? Hoe werkt dit in de eeuwigheid?' – want God kennen als Vader is een kolossale realiteit op zich. Je zou bijna kunnen zeggen dat het allesomvattend is!

Tegelijkertijd was ik me diep bewust van een ingrijpende ervaring in mijn eigen leven. Enkele jaren daarvoor, ontving ik iets wat ik alleen maar zou kunnen omschrijven als een onthutsende openbaring over Jezus als de Goddelijke Bruidegom. Het was een symbolische en diep 'romantische' ervaring in geestelijke zin. Ik wist zonder enige twijfel dat Jezus voor altijd en eeuwig de Bruidegom is. Aardse vaders zijn voorbestemd om een afschildering te zijn van hoe God de Vader is. Op dezelfde manier is het de bedoeling, dat getrouwde mannen een afschildering zijn van hoe de hemelse Bruidegom en Echtgenoot werkelijk is. Door de zondeval is dit allemaal verdorven geraakt, maar dat doet niet af aan de bedoeling die God altijd heeft gehad, dat vaders en echtgenoten het eeuwige vaderschap en het eeuwige echtgenootschap zouden weerspiegelen, dat in haar hoogste vorm in God Zelf is.

Ik herinner me nog de avond dat Hij mijn vraag beantwoordde. We verbleven in Wisconsin en hielden daar een kleine huissamenkomst. Het was hartje winter en alles was bedekt met een pak sneeuw. We zagen de sneeuw op de bomen liggen en het licht van het huis scheen erop, in de stilte van de nacht. En terwijl we aan het aanbidden waren en ik door het raam naar buiten keek naar het mooie, serene tafereel, moest ik denken aan 'Narnia' van C.S. Lewis. Terwijl ik de Heer aan het aanbidden was, sprak Hij plotseling tot me. Het was jaren geleden dat ik Hem die vraag had gesteld, maar ik wist meteen dat wat Hij zei een regelrecht antwoord was op de vraag die ik Hem al die tijd eerder had gesteld.

Hij zei tegen mij:

'Denise, je begrijpt het niet, omdat je denkt dat het allemaal om jou draait. Het draait om een eeuwige Vader, die een Bruid wil geven aan Zijn Zoon – daarom heeft Hij jou geschapen. En het draait om een eeuwige Zoon, die aan Zijn Vader vele zonen wil geven – daarom heeft Hij jou geschapen! Jij bent het geschenk van de Zoon aan de Vader – en het geschenk van de Vader aan de Zoon.'

Darell W. Johnson doet in zijn boek *'Experiencing the Trinity'* (Het ervaren van de Drie-eenheid), de volgende uitspraak – die grote invloed op mij heeft gehad:

'In het middelpunt van het universum is een relatie…en vanuit die relatie werden jij en ik geschapen en vrijgekocht. En voor die relatie werden jij en ik geschapen en vrijgekocht!' [1]

Dat is je bestemming! Er wordt tegenwoordig veel gesproken over het vinden van je bestemming, maar dit is onze bestemming! Onze bestemming is deel uitmaken van de Drie-Eenheid! Niet dat wij dan dezelfde substantie hebben natuurlijk, maar dat wij in die relatie worden opgenomen! Als wij in de Zoon zijn, bevinden wij ons op die plek! Wij zijn in Christus, voor het aangezicht van de Vader, daarvoor zijn we geschapen. Daarom zeggen we soms – maak je niet druk over het krijgen van een visioen om een profeet of apostel te worden! Hoe mooi dat ook zou mogen zijn, dat gaat allemaal voorbij, maar je bestemming is zoveel groter en die zal *nooit* voorbijgaan. Het is onze bestemming, om door genade, deel uit te mogen maken van de Drie-Eenheid zelf! Daar zijn we voor geschapen, daarvoor heeft Jezus de prijs

---

1. Darell W. Johnson, *Experiencing the Trinity* (Het ervaren van de Drie-Eenheid), (Regent College Publishing, 2002).

betaald, opdat wij tot in alle eeuwigheid deel zouden mogen uitmaken van de gemeenschap tussen de Vader en de Zoon.

Frater Raniero Cantalamessa, Predikant van de Pauselijke Hofhouding, schrijft in zijn boek *'Life in Christ'* (Leven in Christus):

> *'Wij zijn betrokken bij de voortdurende beweging van een wederzijds geven en ontvangen tussen de Vader en de Zoon, waaruit de uitbundige omhelzing van de Heilige Geest ontspringt, die vervolgens op ons een vonk van deze vurige liefde doet overspringen.'*

Hij vervolgt met het verhaal over '...iemand die door genade dit ervaren heeft.' Toen James het voorrecht genoot om Frater Cantalamessa te ontmoeten, vroeg hij hem op de man af of hij (Fr. Cantalamessa) die persoon was die dit had ervaren. Frater Cantalamessa ontweek die vraag en wilde geen ondubbelzinnig antwoord hierop geven. In zijn boek omschrijft hij die ervaring als volgt:

> *'Op een avond voelde ik de grote tederheid van de Vader die mij in een liefelijke omhelzing omarmde. Ik was buiten mezelf en knielde in elkaar gedoken in het donker neer. Mijn hart bonsde en ik gaf me totaal over aan Zijn wil. De Heilige Geest liet me kennismaken met de liefde van de Drie-Eenheid. Ook door mij heen vond de extatische uitwisseling van het geven en ontvangen plaats tussen Christus, met Wie ik verenigd was, en de Vader, en tussen de Vader en de Zoon. Maar hoe kan je nu het onbeschrijfelijke beschrijven? Ik zag niets, maar het was veel meer dan alleen maar zien en er zijn geen woorden waarmee je deze vreugdevolle uitwisseling van reageren, opstijgen, ontvangen en geven kan uitleggen. En door die uitwisseling begon er een intens leven te vloeien van de één naar de ander, zoals de warme melk van de borst van een moeder stroomt naar haar kind. En ik was dat kind, en met mij de hele schepping dat*

deel heeft aan het leven, aan het koninkrijk, aan de heerlijkheid, omdat het opnieuw tot leven was gewekt door Christus. Ik sloeg mijn Bijbel open en las: 'Want uw onsterfelijke geest is in alle dingen' (Prediker 12:1). Oh, heilige en levende Drie-Eenheid! Gedurende enkele dagen was ik buiten mijzelf en tot op de dag van vandaag heeft die ervaring nog steeds een diepe indruk in mijn geest achtergelaten.' [2]

Ik heb anderen over soortgelijke ervaringen horen vertellen. Weet je, wij zijn geschapen om binnen te gaan in de liefde die eeuwig stroomt tussen de Vader en de Zoon, om gegrepen te worden door die liefde die als een kloppend hart in God zelf woont. Toen God dus zei: 'Het is niet goed dat de mens alleen is,' besefte ik dat Adam een afspiegeling was van de veel grotere werkelijkheid waarin de Vader tegen de Zoon zegt: 'Het is niet goed dat Jij alleen bent. Om je echt te kunnen zegenen zal Ik een helper voor Jou scheppen, een Bruid voor Jou, als je wederhelft!'

In het verslag in Genesis staat dat God alle dieren bij Adam bracht, zodat hij hen een naam kon geven, maar voor Adam 'werd geen geschikte helper gevonden.' Het Oude Testament staat vol van deze profetische beelden, die spreken over een grotere werkelijkheid, die geopenbaard is in het Nieuwe Testament. Deze beelden en symbolen wijzen op een grotere geestelijke werkelijkheid in het Nieuwe Verbond.

In het tweede hoofdstuk van Genesis krijgen wij een helder profetisch beeld van de 'geboorte' (als ik die terminologie mag gebruiken) van Eva. Als Jezus de 'tweede Adam' is, dan *moet* de Kerk de 'tweede Eva' zijn. Hier, in Genesis 2 krijgen wij een beeld van hoe de Gemeente gevormd werd uit de zijde van Jezus. God liet een diepe slaap op Adam vallen.

---

2.   Raniero Cantalamessa, *Life in Christ: a Spiritual Commentary on the Letter to the Romans* (Het leven in Christus, de spirituele boodschap van de Brief aan de Romeinen), (The Liturgical Press, 1990).

Dit komt overeen met de dood van Jezus aan het kruis, waar vandaan de Vader de Gemeente tevoorschijn deed komen uit Zijn zijde. Het is interessant dat het woord 'rib' niet voorkomt in het oorspronkelijke Hebreeuws. De oorspronkelijke taal vertolkt het nauwkeuriger, door te zeggen dat God de vrouw *uit de zijde* van de man nam, en haar zo schiep uit wat uit de zijde van de man genomen werd. Als je het zo leest, kan het niet anders, dan dat je moet denken aan de Romeinse soldaat die de zijde van Jezus doorboorde, waarna er bloed en water uit kwam stromen. De Gemeente werd geboren door de daad van verlossing en door de uitstorting van de Heilige Geest.

Toen de man zijn vrouw zag riep hij uit: 'Deze is nu been van mijn beenderen en vlees van mijn vlees...' Ik vind dit zeer interessant. Toen Jezus aan Zijn discipelen verscheen na zijn opstanding gebruikte Hij een soortgelijke uitdrukking: 'Raak Mij aan en zie. Want een geest heeft geen vlees en beenderen, zoals jullie zien dat Ik heb.' (Lucas 24:36-40). Het is interessant dat Hij het niet heeft over 'vlees en bloed', omdat Hij Zijn bloed had uitgestort aan het kruis. Het taalgebruik 'vlees en beenderen' spreekt profetisch over wat nog zou komen: de Gemeente die uit de zijde van Jezus genomen zou worden, om Zijn helper te zijn. In zijn boek *'The Glorious Church'* (Heerlijke Gemeente) weidt Watchman Nee hier verder over uit. Hij stelt: 'Alleen wat uit Christus is voortgekomen, kan de kerk zijn.' Hij breidt deze gedachte verder uit en komt tot de verbazingwekkende conclusie, dat de Gemeente '...uit Christus zelf is gemaakt... de Kerk is een andere vorm van Christus, zoals Eva een andere vorm was van Adam.'[3]

Toen God in het begin de man en de vrouw schiep, waren zij één. Het beeld van God was in de man en de vrouw samen

---

3. Nee, Watchman. *The Glorious Church: God's View Concerning the Church,* (Living Stream Ministry, 1993).

– de mannelijkheid en de vrouwelijkheid die in hun eenheid en samenwerking het volledige beeld van God lieten zien – zo duidelijk dat zij allebei *'adam'* werden genoemd (Genesis 5:1,2). Zij hadden slechts één naam, omdat zij één waren. Het was alsof zij één wezen waren in twee delen, in plaats van twee afzonderlijke delen. Pas na de Zondeval noemde Adam zijn vrouw Eva (Genesis 3:20). Ze deelden niet langer dezelfde eenheid die ze hadden toen God hen schiep.

Wij zijn het liefdesgeschenk tussen de Drie-Eenheid. Het hart van de Zoon was van eeuwigheid om veel zonen en dochters thuis te brengen bij Zijn Vader. Het hart van de Vader was om te zorgen voor een Bruid voor zijn Zoon, die van dezelfde substantie zou zijn als de Zoon. De Bruid bestaat uit veel zonen en dochters. In Christus is wat door de Zondeval gescheiden is, weer samengebracht. Nu is de Gemeente het Lichaam van

Christus en is ze gescheiden van haar Echtgenoot, maar er komt een dag waarop de Vader haar volmaakt aan Zijn Zoon zal voorstellen en zij zal volkomen verenigd worden met Hem. Op die dag zal het gezin van de Vader compleet zijn, thuis bij Hem. Wij zullen opgenomen worden in de volmaakte liefdesuitwisseling binnen de Drie-Eenheid.

5 | Het Moederhart van God

'Troost, troost Mijn volk', zal Uw God zeggen.
— Jesaja 40:1

Ik weet nog dat ik in mijn leven een tijd doormaakte, waarin ik tot God uitriep: 'Was U maar een moeder!' Ik was nog maar net christen, probeerde mijn leven op de rit te krijgen, en worstelde met de gedachte dat God een Vader was. Dat gaf me helemaal geen veilig gevoel. Mijn vader had ons gezin in de steek gelaten en mijn moeder bleef achter. Ik wist dat een moeder je nooit zou verlaten. Wanhopig wilde ik de zekerheid hebben dat God een tedere kant heeft, die ik zou kunnen vertrouwen, dat Hij zoiets als moederlijke liefde in Zich had. Ik wilde dat God zich zou kunnen identificeren met mij als vrouw.

Later, toen James en ik rondreisden en over de liefde van God de Vader spraken en hoe de relatie met onze eigen vader invloed heeft op hoe wij naar God kijken, kwamen veel mensen na afloop naar ons toe en zeiden: 'Ik had niet echt moeilijkheden met mijn vader; mijn probleem heeft te maken met mijn moeder.' Of zij zeiden dat ze moeite hadden hun hart open te stellen voor iemand van het mannelijke geslacht.

Aangezien er een oorlog aan de gang is tegen het vrouwelijke, betekent dit dat er op grote schaal een devaluatie van de vrouw heeft plaatsgevonden. Het is de vrouw, die het vermogen heeft het moederhart en het vrouwelijke van God de Vader tot uitdrukking te brengen. Zoals ik al eerder zei, als ik de serpent was geweest, en ik wilde het menselijk ras vernietigen, zou het voor de hand liggende doelwit de vrouw zijn geweest. Dat komt omdat door de vrouw de tedere kant van de Vader het beste tot uiting komt. Zonder die tederheid, zonder dat vermogen om te koesteren, zou het menselijke ras niet het beeld van God kunnen ervaren, omdat het haar liefde is – de liefde van een moeder – die de *fundamentele* liefde is, waarvan God altijd al gewild heeft dat wij die zouden ontvangen.

Tegenwoordig hoor je vaak over een 'vaderloze generatie', en inderdaad, wij kunnen naar de wereld kijken en zien dat dit absoluut een vaderloze generatie is. Maar de realiteit is, als er sprake is van een vaderloze generatie, is er ook sprake van een *moederloze* generatie. Omdat de moeders moeten opstaan in hun mannelijke kracht, kunnen zij daardoor het vermogen kwijtraken om hun kinderen te koesteren op de manier waarop kinderen het nodig hebben om gekoesterd te worden.[1]

Jammer genoeg is het meest veronachtzaamde deel van onze menselijkheid, vooral in onze westerse cultuur, het vermogen om teder te zijn en te koesteren. In onze cultuur wordt aan het mannelijke en zijn aanverwante eigenschappen de meeste waarde gehecht en dit wordt nagejaagd. Eigenschappen zoals productiviteit en individualiteit worden in onze samenleving beschouwd als hoge idealen. Als je in een dergelijke op prestatie gerichte cultuur leeft, is het

---

1. In zijn boek *'Man and Woman He Made Them'* (Man en vrouw maakte Hij hen) (St. Paul Publications, 1985) spreekt Jean Vanier over 'het verwonde hart' van een kind: 'Tussen de baby en de ouders vindt een leven brengende dialoog plaats die stimuleert, tevoorschijn roept, bemoedigt en ondersteunt. De kleinste baby voelt aan of het kostbaar is in de ogen van de ouders, of het op een unieke manier geliefd is.'

ervaren en uitdrukken van gevoelens van tederheid het gemakkelijkste om naast je neer te leggen. Ik weet nog dat ik een heel moeilijke tijd doormaakte toen ik opgroeide, en al schreeuwde mijn hart het misschien uit: 'Het doet zo'n pijn', ik sloot dat gevoel gewoon af en liet niemand mijn zwakheid zien. Het gevolg daarvan is dat de tederheid en het vermogen om te koesteren weggedrukt worden, maar God heeft het unieke van een moeder binnenin ons gelegd, het unieke van het vrouw-zijn, en het vermogen om te koesteren.

Ik bekijk het altijd op deze manier: het is de moeder, of de vrouwelijke liefde, die het hart in het menselijke ras plant. Zij is degene die ons leert lief te hebben. Een moeder die zelf compleet genoeg is, is degene die haar kinderen zowel leert lief te hebben als geliefd te zijn. Wanneer een moeder zelf heel genoeg is en in staat is haar kleine kind lief te hebben en te koesteren, dan plant zij in dat kleine kind het vermogen liefde te ontvangen en vast te houden – een vat dat naar anderen kan overvloeien. Wij zijn mens, en daardoor moeten we alles leren. Wij moeten leren lopen, praten, eten en nog meer dingen, maar wij moeten ook *leren liefhebben*. De Bijbel maakt dit duidelijk door te zeggen dat wij liefhebben, omdat God ons eerst heeft liefgehad (I Johannes 4:19)

Liefde is een antwoord op liefde. Wij leren liefhebben als antwoord op geliefd zijn. In de hedendaagse cultuur zijn er heel veel kinderen die dit zijn misgelopen. De vijand is gekomen om ons vermogen om lief te hebben te vernietigen, en hoe vaker dat gebeurt, hoe gevaarlijker de wereld wordt. De apostel Paulus zei:

> *'Weet dit, dat in de laatste dagen zware tijden zullen aanbreken. Want de mensen zullen liefhebbers zijn van zichzelf...zonder natuurlijke liefde...meer liefhebbers van zingenot dan liefhebbers van God.' (2 Timotheüs 3:1-4)*

Dit is wat er in feite op dit moment gebeurt. Wij zijn in toenemende mate in een tijd terechtgekomen, waarin het vermogen om te koesteren verloren is geraakt. Er wordt vaak minder waarde gehecht aan het moederschap dan aan het carrière maken, je eigen ding doen, een eigen zaak hebben enz. Eén van de belangrijkste ambities die veel jonge vrouwen er tegenwoordig op nahouden, is een weg voor zichzelf banen in de zakelijke wereld. Ik twijfel er niet aan dat vrouwen hun evenwicht kunnen vinden in het hebben van een loopbaan en een gezin, maar het belang van tederheid en koestering moet op waarde worden geschat en een hoge prioriteit gegeven worden.

Dat geldt net zo goed voor mannen. Omdat mannen niet gekoesterd worden, zijn zij op hun beurt niet in staat hun vrouw en hun kinderen te koesteren. Als gevolg daarvan merken vrouwen, dat ze in een positie zijn terechtgekomen, waarin ze gedwongen worden alleen voor zichzelf en hun gezin te zorgen. Op die manier komt hun vermogen om te koesteren en gezond nakroost op te voeden in gevaar. Als je kijkt naar veel plaatsen over de hele wereld die bekend staan als 'broeihaarden', zie je dat de vrouwen daar voor het grootste gedeelte geen bevestiging ontvangen en worden ondergewaardeerd. Er is in deze gevallen een principe van oorzaak en gevolg werkzaam. Vrouwen die worden ondergewaardeerd zijn minder in staat om te koesteren. De onderdrukking van het ware vrouwelijke verstikt het koesterinstinct. Nakroost dat binnen deze omgeving opgroeit, toont weinig inlevingsvermogen in anderen; de jongeren schieten tekort in het begrijpen van hoe het voelt om gekweld te worden en zijn daardoor veel meer geneigd om anderen te kwellen.

Wij kunnen alleen maar leren van wat aan ons gegeven is. In wezen zijn wij ontvangers. Jezus zei: 'Om niets heeft u ontvangen, geef het ook om niets.' (Mattheüs 10:8). Dat blijkt zowel in positieve als in negatieve zin. Kinderen die liefde en tederheid hebben ontvangen tijdens hun opvoeding, zullen op hun beurt op een gezonde manier liefde kunnen uiten. Net zo zullen kinderen die in hun opvoeding te maken hebben gehad met geweld en verwaarlozing, zelf ook geweld en verwaarlozing aan anderen doorgeven. Het vraagt een verbazingwekkende beweging van de Geest van God, om de trauma's die mensen hebben meegemaakt te genezen, zodat zij liefhebbende en gezonde mensen kunnen worden.

Deze waarheid over moederschap en vrouwelijkheid is niet los te koppelen van het totale beeld dat God in gedachten had, toen Hij ons (zowel mannelijk als vrouwelijk) schiep als de Bruid voor Zijn Zoon. Ik geloof dat wij ook als de Bruid van Christus geroepen zijn om het vrouwelijke en het koesterende hart van God op aarde te laten zien. Wij zijn echter niet alleen de Bruid. Adam gaf zijn vrouw de naam Eva, en dat betekent 'moeder van alle levenden'. Dat is van betekenis, omdat Adam een type of schaduw van Christus is, zo is Eva een type en schaduw van de kerk. Zoals Jezus de tweede Adam was, is de kerk de 'tweede Eva'-de moeder van alle levenden. Het is Gods bedoeling dat zij, de kerk, het koesterende lichaam op aarde zou worden. Het was Zijn bedoeling dat de kerk Zijn koestering zou belichamen. God Zelf zou door de kerk Zijn liefde en tederheid, Zijn genade en barmhartigheid kunnen uitstorten in een gebroken en noodlijdende wereld. Op grotere schaal is dit wat de moeder thuis is. Wat de moeder thuis is, zo is de kerk bedoeld te zijn in de wereld.

Wij kunnen zien waarom de vijand op een zorgvuldige manier een goed-geplande aanval heeft ingezet en uitgevoerd op het vrouwelijke beeld, zodat moeders niet konden zijn wat Gods bedoeling was dat zij in hun huisgezin zouden zijn, niet instaat om hun kinderen te koesteren en hen naar het volkomen beeld van God te leiden. Wanneer het vrouwelijke niet naar waarde wordt geschat, zal de kerk niet in staat zijn de gebroken wereld om haar heen echt te koesteren, totdat God komt en haar geneest. Ik geloof dat God wil dat de kerk Zijn armen is, en Zijn omhelzing van de wereld. Zijn armen, Zijn ogen, Zijn oren, Zijn mond, dat de kerk de belichaming is van Hem, de God van liefde. Op sommige gebieden hebben we het heel goed gedaan, zoals uitgaan naar de volken, het Evangelie brengen en het dopen van nieuwe discipelen. Wij, het Lichaam van Christus, zijn goed in het erop uittrekken. Waar we nog niet zo goed in zijn, is 'het zijn'!

Dat moeten wij nog leren, de moeder in het huis van de wereld zijn. Wij hebben een zacht hart nodig, en open armen, in één beweging met die van de Bruidegom en van de Vader Zelf. Het is Zijn verlangen dat Zijn liefde door de Bruid en de Moeder wordt uitgestort en tot uitdrukking komt op aarde.[2]

Vanaf het moment dat wij verwekt werden tot aan het ogenblik waarop wij ter wereld kwamen, is het altijd Gods

---

2. Het concept van het moederhart van God is niet onbekend in de Kerkgeschiedenis. Het is zelfs zo dat velen kerkvaders en ook latere theologen vrouwelijke beelden gebruikten in hun geschriften. Hier volgen enkele voorbeelden: Irenaeus (130-202 v.Chr.): 'Hij heeft Zich als melk aan ons gegeven, omdat wij waren als kinderen.'
Clemens van Alexandrië (150-230 n. Chr.): 'Vlucht naar het Woord, de rustgevende borst van de Vader, naar Hem alleen, Die ons, kinderen, voorziet van de melk van liefde', en: '…de borsten van de Vader voorzien van melk.'
Johannes 'Guldenmond' Chrystosomus (354-407 n. Chr.), die zo werd genoemd omdat hij een welbespraakte prediker was, spreekt in een lofzang over Christus als: '…broeder, bruidegom, woonplaats, voeding, bekleding, wortel, fundament, zuster, moeder.' De apologeten (Justinus, Tatianus, Athenagorus en Theofilus van Antiochië) maken vermelding van het Woord dat in de schoot van God woont, zoals het embryo in de schoot van de moeder.
Nogmaals Clemens: '…hoewel het onuitspreekbare deel van Hem de Vader is, het deel dat mededogen met ons heeft is Moeder.' *Bovenstaande citaten verwijzen naar het onderzoek van Dr. Tom Bulkeley van het Carey Baptist College in Auckland.* Nog een opvallend commentaar komt van de hand van de Hervormer Johannes Calvijn, die een commentaar heeft geschreven over Jesaja waarin staat: 'God heeft Zich zowel door de Vader als door de Moeder geopenbaard zodat wij ons meer bewust zouden zijn van Gods voortdurende aanwezigheid en bereidheid om ons te helpen.'

bedoeling geweest dat wij een specifieke soort liefde zouden ontvangen, een bijzondere kwaliteit van liefde, zodat we zouden opgroeien om als Hem te zijn. Die kwaliteit van liefde heeft Hij in de allereerste plaats in de moeder gelegd, een moeder die heel genoeg is in zichzelf om die liefde tot uitdrukking te laten komen. In het Grieks wordt die liefde *storge* genoemd.[3]

Deze liefde is anders dan de overige soorten liefde. Het is het woord voor 'genegenheid binnen het gezin'. Het herbergt de gedachte van koesteren, tederheid en zorg. *Storge* liefde is het soort liefde dat een fundament legt in ons leven. Ze komt voornamelijk via de moeder, omdat wij in haar baarmoeder groeien en vanaf de geboorte vertroost en gevoed worden door haar lichaam, maar we ontvangen het ook van de vader. Iemand heeft mij ooit verteld dat het woord 'husband' (Eng. 'echtgenoot') zijn wortels heeft in het oud-Engelse woord 'huisbinder', wat doet denken aan overschaduwen en beschermen. Een vader kan genegenheid tonen naar zijn kroost door het gezin te omgeven en te beschermen, het veiligheid te bieden en vrij te houden van angst en bezorgdheid. *Storge* liefde wordt ook overgedragen door het gezin in bredere zin, door de broers en zussen, grootouders en andere familieleden.

Het is altijd al Gods bedoeling geweest, dat onze eerste ervaringen in het leven (in de woorden van de apostel Paulus) 'geworteld en gegrondvest zouden zijn in liefde.' Al vanaf het begin is het onze bestemming geweest in dit soort *storge* liefde geworteld en bevestigd te zijn. Het was Zijn bedoeling dat wij vanaf de moederschoot en vanaf het moment dat wij ter wereld kwamen, overvloedig geliefd zouden worden met deze kwaliteit van genegenheid. Pas wanneer wij diep geworteld zijn in deze akker van liefde, en wat ook belangrijk

---

3.   Zie voor een meer volledig begrip van de betekenis van de Griekse woorden voor liefde het boek van C.S. Lewis: *'De vier liefdes'.* (Herdruk 1998).

is, in de *juiste soort liefde*, zullen wij kunnen opgroeien tot complete mensen. Dan zullen wij in staat zijn om de liefde die de Vader voor de wereld in Zijn hart heeft tot uitdrukking te brengen. Het is altijd al de bedoeling van God geweest dat wij die kwaliteit en mate van liefde zouden ervaren. Toen wij ter wereld kwamen, was het Zijn bedoeling, dat wij onmiddellijk ingewijd zouden worden in die familiaire genegenheid en tedere liefde, die door onze moeder persoonlijk vorm gegeven zou worden.

Wij zijn voor de liefde *gemaakt*. Iemand die op de juiste manier geliefd is, is meestal degene die het meeste zelfvertrouwen heeft, degene die het beste de klappen in het leven kan opvangen, tegenslagen kan overwinnen, en hier op een gezonde manier op kan reageren. Vaak kunnen mensen die academisch uitblinken dit doen, omdat zij in het diepst van hun wezen een innerlijke rust en vertrouwen bezitten, waar ze tot rust kunnen komen en kunnen ontvangen. Het is Gods wil dat wij allemaal op die plek van rust komen, zodat wij naar Zijn beeld en gelijkenis kunnen groeien, daarom heeft Hij in het hart van het vrouwelijke – het vrouwelijke dat *zowel* in de man als de vrouw aanwezig is – het tedere verlangen en het tedere hart van Hemzelf gelegd. Het is belangrijk dat we erkennen, dat ook mannen het vermogen in zich hebben, om tedere verlangens te koesteren die uit de vrouwelijkheid van God voortkomen. Door te benadrukken dat ook mannen het vermogen hebben om tedere verlangens te koesteren, wordt duidelijk dat zich op een natuurlijke manier in het vrouwelijke lichaam *meer* van Gods vrouwelijkheid bevindt. Het lichaam van de vrouw is voor koestering gemaakt. Het vrouwelijke lichaam is een profetische uitdrukkingsvorm van God in Zijn vrouwelijke eigenschappen. Het is veelzeggend dat God Zich heeft geopenbaard als El Shaddai (Genesis

17:1), Degene met de vele borsten.[4] Zijn doel was dat de vele volken (die uit Abraham zouden voortkomen — zijn naam betekent 'vader van vele volken') — gegrondvest zouden zijn in liefde en koestering. Dat was de openbaring die Abraham had ontvangen – El Shaddai, de Veelborstige.

De borsten spreken van vertroosting en koestering. In zekere zin weten wij dat God geen lichaam heeft. Hij is Geest, maar er is iets in de wijze waarop Hij ons als menselijke wezens heeft geformeerd dat ons openbaart hoe Zijn aard is en wat zijn verlangen is voor ons als individu, binnen de context van een thuis en een gezin, en ook in de kerk. Ik geloof dat Hij Zijn koestering tot uitdrukking wil brengen door de kerk – dat de kerk de belichaming is van de koesterende borsten van God.

Een lieve vriendin van me die voorbede voor mij doet, kreeg eens een openbaring. Ze zei: 'De Heer wil dat wij als het Lichaam van Christus liefhebben door de moedermelk, dat we voeden met moedermelk – en niet door flesvoeding.'

Dat is heel interessant! Wat zij zegt is dat de kerk in staat zou moeten zijn om te koesteren vanuit de substantie van liefde die zij ontvangen heeft, en dat zij die koestering aan de wereld geeft. Als de kerk geen borsten heeft, kan ze alleen maar dienen door middel van flesvoeding! Waarom? Omdat Gods liefde en Zijn koestering via de borsten komt! Het gegeven dat in veel kerken flesvoeding gebruikt wordt, laat zien dat er geen organische, koesterende voeding komt uit de borsten. Het is de bedoeling dat de kerk koesterend voedt met leven-gevende melk die van de Vader Zelf komt.

De Schrift spreekt zelf over de 'melk van het Woord'. (1 Petrus 2:2-3)

---

4.   Dit wordt weergegeven door de uitdrukking 'De Algenoegzame', maar het woord *'shad'* in het Hebreeuws betekent 'borst' en samengevoegd met El (een naam voor God) betekent het 'God – Degene met de borsten'.

'En verlang vurig, als pasgeboren kinderen, naar de zuivere mek van het Woord, opdat u daardoor mag opgroeien (in het Engels: wat uw redding betreft), indien u tenminste geproefd hebt dat de Heere goedertieren is.'

Vervolgens schrijft Paulus in I Korinthe 3:1, 2:

'En ik broeders, kon tot u niet spreken als tot mensen die geestelijk zijn... maar als tot jonge kinderen in Christus. Ik heb jullie met melk gevoed en niet met vast voedsel, want jullie konden dat nog niet verdragen.'

Deze verzen schilderen het beeld van een moeder die haar baby borstvoeding geeft, het voedt met de melk van haar borst. Dit is een bewust beeld dat door middel van deze verzen door de Heilige Geest wordt overgebracht, omdat Hij in de eerste plaats Zijn volk (de kerk) voedzaam eten wil geven, om dan door Zijn lichaam (de kerk) anderen te voeden, zoals een moeder haar baby voedt met voedzame melk. Zoals ik heb duidelijk gemaakt is zelfs ons lichaam een openbaring van wie God de Vader is! Een moeder is gemaakt voor tederheid, om de tedere genegenheid van God onze Vader te belichamen.

Deze waarheid past niet in het feministische denken, maar je kunt er niet omheen. Het lichaam van een vrouw is ervoor gemaakt om te voeden en te koesteren. Het is gemaakt voor tederheid. Ik zeg niet dat dit het enige is wat een vrouw kan doen; er is natuurlijk veel meer wat een vrouw kan doen. Ook beweer ik niet dat haar beperkingen moeten worden opgelegd. Ik wil alleen maar het volgende benadrukken: wat wij in onze huidige cultuur tegenkomen is een regelrechte afwijzing van deze realiteit, en een ont- kenning van het gegeven dat het lichaam van een vrouw ontworpen is om voeding te geven. Zo zien wij dus dat we steeds verder verwijderd raken van het beeld van God.

Een tijdje geleden logeerde ik bij mijn dochter die in Sydney in Australië woont met haar man en kinderen. Ik las toen in het nieuws dat er een toenemende verontwaardiging is onder de bevolking, dat mensen met kinderen meer belastingvoordeel ontvangen. Er zijn ook mensen die eisen dat er in vliegtuigen en restaurants zitplaatsen moeten zijn waar geen kinderen mogen zitten.[5] Dit zijn slechts twee voorbeelden van hoever wij zijn afgedwaald van het beeld van God. Dit is een beangstigende realiteit, omdat het juist de moeders zijn die het hart geven aan het menselijk geslacht. Omdat zij het vermogen bezitten lief te hebben en te koesteren, hebben wij daardoor het vermogen lief te hebben en te koesteren. Een moeder kan zich helemaal geven aan haar kind. Het is wetenschappelijk bewezen, dat de hersenen van een vrouw meer ontvankelijk voor empathisch verdriet zijn, dan die van de man.[6] Daarom is het meestal de vrouw die midden in de nacht uit bed stapt als de baby huilt; haar zintuigen reageren op verdriet als zij voelt dat haar baby het moeilijk heeft, en zij *moet* daarop reageren. God heeft binnenin ons moeders iets gelegd wat er behoefte aan heeft om te reageren op onze kinderen.

Jammer genoeg merk ik dat de kerk dezelfde kant opgaat als de huidige Westerse samenleving en zich afkeert van het verlangen en het vermogen te koesteren. Maar de wereld snakt naar de omhelzing van de moeder. Er is een Indiase moeder, die wereldwijd bekend staat als Amma (Moeder), die al haar tijd besteedt aan het rondreizen over de wereld, om

---

5. Verslag van Sally Loane in de *Sydney Morning Herald* van 10 juli 2000, getiteld 'Niet meer dan twee in de kindvrije zone.' Dit stond in een reactie op een boek van Susan en David Moore *'Child-Free Zone: Why More People are Choosing Not to be Parents'* (Kindvrije zone: Waarom meer mensen ervoor kiezen geen ouders te zijn), Checkered Gecko Pty.Ltd., NSW, 2000.
6. Onderzoek door Professor Simon Baron-Cohen van het Centrum voor Onderzoek naar Autisme aan de Universiteit van Cambridge naar het verslag op de webpagina van Science & Nature van de BBC.

publieke bijeenkomsten te houden die worden bijgewoond door duizenden mannen en vrouwen. Zij doet niets anders dan ieder persoon individueel een moederlijke omhelzing geven. Zakenlieden in dure pakken vallen haar huilend om de hals. Ze staan urenlang in de rij alleen maar om de woorden: 'Mijn lieve zoon' te horen, en door haar omhelsd te worden. Vrouwen kunnen er niets aan doen dat ze moeten huilen als ze de woorden horen: 'Mijn dierbare dochter', wanneer zij door Amma omhelsd worden en als zij een snoepje of een bloemblaadje in hun hand gedrukt krijgen.

Vrouwen hebben een door God gegeven vermogen en roeping, of ze nu vrijgezel zijn of getrouwd, om iets van het koesterende hart van de Vader over te brengen. Dit is een veel belangrijker punt, dan het op het natuurlijke vlak bemoederen van kinderen. Het wil zeggen dat we omhelzen waar God ons voor heeft geschapen, zodat wij Zijn aard handen en voeten kunnen geven. Liefde reageert op liefde. Mensen zullen zonder uitzondering reageren op tedere liefde. God heeft de kerk geroepen een gebroken wereld lief te hebben. De Verenigde Naties heeft onlangs geschat dat het aantal straatkinderen in de wereld in de tientallen miljoenen loopt, dat het er zelfs meer dan 100 miljoen zouden kunnen zijn.[7] Dat is een schokkend statistisch gegeven! Er is nog nooit eerder sprake geweest van zo'n groot probleem. De toename van het aantal kinderen dat een zwervend bestaan lijdt, is een symptoom van het verdwijnen van het vermogen en de bereidheid te koesteren in de maatschappij. Deze kinderen hebben geen thuis, geen plek waar zij zich thuis kunnen voelen.

Als wij hierbij stilstaan, wat is dan de roeping van God voor de kerk? Er is alleen al op dit gebied een enorme nood in

---

7. UNICEF, 2002: 37. Dit getal varieert in overeenstemming met de interpretatie: kijk je naar het werkelijk groeiende aantal wereldwijd of alleen maar naar het besef dat toeneemt. Hoe het ook zij, een erg behoudende schatting van het aantal straatkinderen beloopt op zijn minst tientallen miljoenen.

de wereld – ten aanzien van kinderen die niet weten wat het betekent geliefd te zijn en gekoesterd te worden.

Ik weet nog dat ik een artikel in de krant las toen we een paar jaar geleden in Engeland waren. Het artikel ging over 'kindmoordenaars' – kinderen van onder de 15 die iemand hadden gedood en die gevangen werden gezet, omdat zij iemand hadden gedood. De krant had een hele pagina gewijd aan foto's van deze kinderen. Het artikel ging verder met te zeggen dat studies over de kinderen hadden aangetoond, dat de ontbrekende schakel het koesteren tijdens de eerste maanden en jaren van hun leven was. Ondanks het feit dat sommigen van hen blijkbaar uit welgestelde en stabiele gezinnen kwamen, was de rode draad, dat zij niet de koestering hadden ontvangen die zij nodig hadden om dat gedeelte van hun hersenen te ontwikkelen, waardoor zij zich zouden kunnen identificeren met de pijn en het lijden van anderen.

Het gemis aan koestering hield nauw verband met het gemis aan empathie, dat hiervan het gevolg was. Dit onderstreept alleen maar dat we afwijken van Gods verlangen, dat iedereen die ooit geboren zou worden een moeder zou hebben die koesterende liefde zou kunnen uitreiken.

God heeft iets in het vrouwelijke gelegd, waar een baby als vanzelfsprekend op reageert – de zachtheid van het vrouwelijke. Als een vader een baby vasthoudt, draagt hij aan de baby iets heel anders over dan wat de moeder overdraagt. De baby voelt de kracht van zijn armen, de stevigheid van zijn borstkas, de veiligheid en beslistheid binnenin de man. Wat de vader geeft, is bedoeld om het gevoel te geven dat er daarbuiten een afgebakende wereld bestaat, het gevoel van de wezenlijke 'ander.'

Maar wanneer een moeder een baby vasthoudt voelt de baby zachtheid en tederheid, dat 'volledig opgenomen worden'-gevoel, een gevoel van één-zijn. Dit is het gevoel van één-zijn waarvoor wij geboren werden. Het is nooit de bedoeling geweest dat wij ons alleen zouden voelen. God heeft ons niet geschapen als mensen die het gevoel zouden hebben, dat ze aan hun lot worden overgelaten. De meest traumatische ervaring die een kind kan hebben, is dat het in de steek wordt gelaten. Het gevoel van verlatenheid – of het nu werkelijk is gebeurd of verbeelding is – is het ergste dat een kind kan meemaken. Soms kan iemand zich verlaten voelen, terwijl hij echt geliefd is. Als een kind bijvoorbeeld in de eerste levensjaren aan een ziekte lijdt en in het ziekenhuis moet worden opgenomen, kan de moeder zich voelen alsof haar hart wordt gebroken door pijn, omdat zij gescheiden is van haar kind – maar het kind zal zich nog steeds verlaten voelen. De subjectieve ervaring van het kind (en de bijkomende gevoelens) is die van verlating. De vijand komt binnen en benadrukt het gevoel om de leugen te laten voortbestaan, dat ze ook echt in de steek zijn gelaten.

Het meest dramatische wat iemand kan meemaken, is gescheiden te worden van iemand met wie je verbonden bent. Dat kan de oorzaak worden van zowel mentale als fysieke ziekten. Wij zijn er niet voor bestemd om alleen te zijn. Het is altijd Gods bedoeling geweest dat wij met anderen sterk verbonden zouden zijn en dat we die banden van verbondenheid zouden ervaren. De primaire band is natuurlijk de band die je met je moeder hebt. We zijn uit haar lichaam voortgekomen. In toenemende mate zijn wetenschappers erachter gekomen hoeveel indrukken een baby kan ontvangen in de baarmoeder, en in welke mate de emoties van de moeder (zowel negatief als positief) worden overgedragen aan de baby binnenin haar baarmoeder.

Het is prachtig zoals God ons heeft gemaakt. Wist je dat als één baby geboren is, het alleen de afstand van de borst van de moeder tot aan de ogen van de moeder kan zien? Dat is de brandpuntsafstand van de baby – de afstand van de borst van de moeder tot aan haar ogen! Is dat niet opmerkelijk! Er is iets aan de blik van een moeder wanneer zij naar haar pasgeboren baby kijkt. Het is zo mooi om de verandering te zien van een jong stel wanneer zij niet meer 'twee' zijn maar 'drie', en naar een vrouw te kijken die haar eerste kind heeft gekregen. Negen maanden is ze zwanger geweest, rustig en beheerst, en vanaf het moment dat ze moeder is geworden is zij veranderd! Er is een moederlijke blik op haar gezicht gekomen en het is duidelijk te zien dat zij moeder is geworden. Er vindt een verandering plaats in een jonge vrouw, die er klaar voor is om een kind echt te ontvangen. Een pasgeboren kind kan de liefhebbende blik van de moeder ontvangen. Een moeder kan op een manier naar haar baby kijken die overloopt van genegenheid en liefde. Dat moet je hebben meegemaakt om het te kunnen begrijpen, die blik die zo vol is van ongebreidelde liefde en genegenheid voor dat kind.

Wij weten dat, wanneer de melk van de moeder vrijkomt, er ook een hormoon vrijkomt wat de moederlijke gevoelens bovenbrengt en versterkt. Toen ik mijn eerste kind kreeg was ik de enige moeder in het hele ziekenhuis die borstvoeding gaf. Ik weet dat de trend nu veranderd is naar borstvoeding geven, maar in die tijd werd het beschouwd als een ongezonde gewoonte (dat zei een van de verpleegsters tegen mij!). Dus bond men de borsten van de moeder op om te voorkomen dat er melk kwam. Ze dienden medicijnen toe en namen allerlei maatregelen om de melkstroom van de borsten van de moeder een halt toe te roepen. Volgens mij toont dit aan dat deze hele handelwijze erop gericht is om binnen het menselijk ras een halt toe te roepen aan het koesteren. Dat kan misschien overkomen alsof ik tot een bepaald kamp behoor, maar wanneer je het hele plaatje ziet, kan je zien dat de vijand ervoor wil zorgen dat de mensheid geen koestering zal ontvangen. De liefde die de erfenis is van de mensheid, komt (althans oorspronkelijk en fundamenteel) door de moeder.

Als ik middenin de nacht uit bed kwam om mijn kinderen borstvoeding te geven was er iets intiems en moois aan die nachtelijke voedingen, wanneer wij alleen met zijn tweetjes waren – de baby en ik. De baby lag daar, dronk en keek me recht in de ogen aan. De intimiteit van dat oogcontact is op die momenten op haar toppunt.

In de Bijbel staat dat het oog de lamp is van het lichaam – daardoorheen kijken wij recht in de ziel van de mens (Mattheüs 6:22-23, Lucas 11:34). Als een moeder naar haar kind ligt te kijken en het in de ogen kijkt met een glimlach vol bewondering, wordt er iets diep in het hart van dat kleine kind overgebracht. Iets dat zegt: 'Je bent welkom. Jij bent van mij. Jij hoort bij mij.' Of het nu met of zonder woorden wordt gecommuniceerd – via de ogen, de stem of door aanraking – de baby begint iets te leren dat echt belangrijk is. Het begint op een fundamenteel niveau te beseffen, dat het zich op een plek bevindt waar het welkom is. Dieper dan gedachten of woorden weet de baby: 'Ik mag hier zijn. Hier hoor ik thuis.'

Eén van de grootste behoeften die wij als menselijke wezens hebben, is dat diepe gevoel van ergens bij te willen horen – dat dit de plek is waar ik als individu hoor te zijn, dat dit mijn ware thuis is. Het is de moeder die ons dat gevoel van het wezenlijk ergens bij horen voor het eerst geeft. Dat doet zij door de blik in haar ogen en ze communiceert dit diepe welkom door wat zij zegt – door haar woorden, door de toon en de cadans van haar stem.

Er is iets unieks in het stemgeluid van een moeder. Een baby kan verstandelijk niet begrijpen wat de woorden betekenen, maar het kan die wel op een veel dieper niveau verstaan. Zijn of haar geest verstaat het! Onze menselijke geest bezit een antenne die de essentiële onderliggende betekenis van de woorden die tegen ons worden gesproken oppikt.[8] Jezus wist dat toen Hij zei: 'De woorden die Ik tot jullie spreek zijn geest en zijn leven.' (Johannes 6:63). Er is iets in onze menselijke geest dat hoort en begrijpt wat er tegen ons wordt gesproken. Het kan ons het leven binnenbrengen, maar de woorden van de vijand daarentegen zijn geest en dood. Woorden dragen de kracht van leven en dood in zich, zoals er staat in Spreuken 18:21: 'Dood en leven zijn in de macht van de tong, wie hem liefheeft zal de vrucht ervan eten.'

Als een moeder communiceert met haar kind door middel van haar stem, brengt zij iets over in het hart en het leven van dat kleine kind. Het kind raakt steeds meer vertrouwd met haar stem, met de vibraties die doorklinken in de baarmoeder. Als kinderen midden in de nacht wakker worden doordat zij bang zijn, misschien door een enge droom, vinden zij het heerlijk als hun moeder de slaapkamer binnensluipt, hen vasthoudt, en een geruststellend deuntje neuriet. Slaapliedjes zijn onlosmakelijk verbonden met het geluid van de stem van de moeder, en brengt geruststelling aan het hart van een kind. Al vanaf de bevruchting heeft het kind de stem van de moeder gehoord. Haar stem resoneert tot in de bodem van het wezen van het kind – tot in het fundament van haar leven. God heeft het zo bedoeld, dat we het geluid van de stem van de moeder zouden horen en haar woorden als woorden van leven zouden ontvangen – woorden die geruststellen en vertroosten.

---

8. Dr. Paul Tournier citeert wetenschappelijke experimenten, en schrijft: ' [het is]...een zonneklaar feit...dat de foetus, in ieder geval in de laatste maanden van het intra-uterine leven de stem van zijn moeder kan horen... Ja, jullie zwangere moeders, jouw ongeboren baby kan jouw stem horen. Hij kan ook het kloppen van je hart en het ritme van je ademhaling horen. Hij registreert dat voor altijd in zijn nog steeds onbewuste geest. De volmaakte liefde tussen moeder en kind gedurende de zwangerschap was veel meer dan een gevoel, veel meer dan een affectief verschijnsel. Het was een gemeenschap van personen.' Paul Tournier, *What's in a Name?* (SCM Press Ltd., 1975).

God zegt: 'Troost, troost Mijn volk!' (Jesaja 40:1). Zijn woorden zijn teder. Het is Zijn diepe wens woorden van troost en tederheid te brengen. De tedere klanken van de stem van de moeder dringen rechtstreeks door tot het hart van degene die gegrond is in haar liefde en koestering. Paulus begreep dat, toen hij schreef aan de gelovigen in Efeze, en bad dat de wortels van hun leven (zowel individueel als samen) 'gegrond zouden zijn in de liefde' (Efeze 3:17). Dat is bij velen van ons niet gebeurd bij onze eigen natuurlijke bevruchting, geboorte en kindertijd, maar het is zo mooi dat God de Vader kan komen en ons kan wortelen en gronden in Zijn liefde. Waarom? Omdat onze oorsprong in Hem is. Wij komen uit onze moeder, maar onze *oorsprong* ligt in Hem.

Jij en ik werden ontworpen in Zijn hart, lang voordat wij ontvangen werden in de baarmoeder van onze moeder. Hij is onze levensbron. Wij kunnen onze oorsprong zelfs verder terug nagaan dan het moment waarop onze natuurlijke bevruchting plaatsvond, en een ontmoeting met God hebben op die plek van de eerste liefde. We kunnen Hem ontmoeten bij de diepe oorsprong van alle bestaan. Hij, de Bron, kan tot ons komen en die voorbaarmoederlijke koestering toedienen die ons hart zo ontzettend nodig heeft.

Wij hebben in onze bediening prachtige wonderen van genezing meegemaakt in het leven van diverse mensen, op het moment dat God de Vader kwam – als een moeder – en hen diep in hun menselijke geest aanraakte. Hij kwam en bediende hen in het fundament van hun menselijk leven, de grond van hun bestaan. Hij zal komen, en niet alleen een vader voor je zijn, maar ook een moeder.

Wij groeien op met een grote behoefte aan dit soort liefde. Het gaat niet alleen maar om de wens, dat het geweldig zou zijn als dit zou gebeuren. Nee. De mate waarin je koesterende liefde hebt ontvangen, is de mate waarin je emotioneel een heel mens bent. Omgekeerd is het zo, dat naar de mate dat jij dit *niet* hebt kunnen ontvangen, naar die mate is het nodig dat de Vader komt en Zijn vertroostende liefde in je hart uitgiet. De Vader *zal* komen en dat fundament leggen, zodat de wortels van je leven de grond van de onvoorwaardelijke liefde ingaan.

Als de wortels van onze psyche niet diepgeworteld zijn in liefde, zal dat negatieve gevolgen hebben in ons leven. Ik geloof dat dit er de oorzaak van is dat er tegenwoordig zoveel boosheid, vijandschap, onzekerheid en depressie in onze cultuur voorkomt. Er is zoveel leegheid, omdat er geen vruchtbare bodem van koesterende liefde in de psyche van de persoon is. James en ik hebben door de jaren heen in christelijke gemeenschappen gewoond, die ook centra voor geestelijke bedieningen waren. Ook hadden we haast altijd wel mensen bij ons in huis. Veel van deze mensen zeiden tegen ons dat ze zich voelden alsof ze op de rand van de afgrond stonden, een zwart gat waar zij in zouden kunnen vallen, en voor altijd zouden afdalen in de duisternis, zonder enige hoop om er ooit weer uit te kunnen komen. Na duizenden gesprekken met mensen die zich zo voelden, ben ik tot de slotsom gekomen dat zij een beschrijving geven van een vacuüm dat is ontstaan door het ontbreken van koestering. Als gevolg daarvan is er geen gevoel van veiligheid en zekerheid in het diepst van hun menselijke psyche. Zij hebben geen flauw idee of zij het wel zullen redden in het leven. Zij struikelen maar door, en doen alsof, in een poging sterk over te komen. Zij zijn zich niet bewust van hun eigen unieke identiteit binnenin zichzelf. Er komt niets vanuit hun hart, omdat hun hart volkomen afgesloten is of nooit is wakker geschud.

De vrouwelijke liefde, is de enige liefde die ons het fundament kan geven dat we nodig hebben. Ik herhaal wat ik al eerder heb gezegd, wanneer het vrouwelijke niet op waarde wordt geschat en kapot wordt gemaakt, en daardoor niet in staat is te koesteren, heeft dat enorme gevolgen binnen onze cultuur en samenleving. Het vrouwelijke is bedoeld om de echte bron van leven te zijn. Eva werd de moeder van alle levenden genoemd. Maar zo vaak, vanwege de gebrokenheid van de mens, zou je bijna kunnen zeggen dat het vrouwelijke de moeder van alle dood is geworden! Wij kunnen misschien fysiek het leven ontvangen maar emotioneel dood geboren worden.

Dit kan overkomen als een schokkende opmerking, maar veel mensen hebben ervaren – in tegenstelling tot hoe het zou moeten zijn – dat hun moeder zich in feite heeft gedragen als het kind in de relatie, en het leven uit hen heeft gezogen. Mensen in een dergelijke situatie voelden zich vanaf hun kindertijd verantwoordelijk om voor hun moeder te zorgen en hun eigen moeder te 'koesteren'. Als gevolg daarvan zijn zij opgegroeid met een enorm vacuüm. In plaats van dat zij werden gekoesterd, werden zij gedwongen de verzorger te worden. Er werd van hen verwacht dat zij zouden putten uit een lege put. Vanuit een enorm overdreven gevoel voor verantwoordelijkheid, hadden zij het gevoel dat zij verantwoordelijk waren voor de hele wereld! Ik heb met jonge vrouwen gesproken, die zoveel gebrek aan koestering hadden geleden in hun leven, dat zij ernaar verlangden een baby te hebben, zodat zij iemand zouden hebben die zoals men dat zegt, 'onvoorwaardelijk van mij houdt!' Veel jonge vrouwen hebben tragisch genoeg om die reden een kind gekregen. Het kind wordt verwekt en geboren uit zo'n gebroken uitdrukkingsvorm van het mens-zijn. De vastgestelde en natuurlijke orde is omgedraaid – het kind wordt de ouder!

Veel mannen voelen zich op een onweerstaanbare manier aangetrokken tot vrouwen, maar toch horen zij tegelijkertijd een innerlijke stem binnenin hen roepen: 'Haal mij hieruit!' Er is een enorm sterk verlangen en behoefte om geliefd en gekoesterd te worden, maar aan de andere kant is de behoefte zo sterk dat het hen nooit is gelukt om de behoeften, wensen en hoop van hun eigen moeder te vervullen. Zowel mannen als vrouwen zijn in dergelijke situaties opgegroeid, waarin de behoefte van hun eigen moeder alles uit hen heeft gezogen. Als gevolg daarvan rennen mannen, zowel als vrouwen, naar vrouwen toe om in hun behoefte te worden voorzien, maar die bevrediging kan niet verkregen worden op een manier die zuiver en heilig is. Pornografie is in feite niets anders dan een 'kleine jongen' of een 'klein meisje' dat handelt vanuit de behoefte aan tederheid en zachtheid. Zij beseffen niet dat pornografie een buitengewoon gebroken en beschadigde uitdrukking is van die behoefte, die eerder kapotmaakt dan geneest. De pornobeelden beloven veel, maar het enige dat zij in feite kunnen doen is nog meer pijn veroorzaken, nog meer gebrokenheid en nog meer schaamte.

Zelfs in kerken zijn veel mensen die gevangen zitten in zo'n soort dilemma – enerzijds rennen zij weg voor vrouwen, anderzijds hebben zij zo'n behoefte aan vrouwelijk contact. Veel mannen proberen al hun 'moederlijke behoeften' te bevredigen door het lichaam van hun vrouw. Zoveel vrouwen vertelden mij: 'Ik krijg gewoon het gevoel dat ik zijn moeder ben. Het gaat niet over hem en mij in onze huwelijksrelatie. Het gaat over hem en zijn moeder.' Zij wordt niet bemind door een bruidegom, maar door een kleine jongen met kinderlijke behoeften, die zich in een volwassen mannelijk lichaam uitdrukt. Het komt allemaal tot uiting in het huwelijksbed, en dus sluit zij zich emotioneel en seksueel af en hij voelt zich nog meer afgewezen en gaat op zoek naar andere manieren om in zijn behoefte te voorzien. Dit patroon is wijd verspreid en het breekt mijn hart. Toen wij nog voorgangers waren van een gemeente, ging ik soms voor de gemeente staan en kon ik zien wat er binnenin de mensen gebeurde, goede mensen die van God hielden en probeerden zuiver en heilig te leven. Meer dan eens hadden zij zich bekeerd van zaken als wellust, maar niettemin werden zowel mannen als vrouwen getrokken door iets dat veel dieper zat dan hun eigen begrip. Ze dachten dat zij van binnen slecht waren, en niet geholpen konden worden, maar hun probleem was meer van fundamentele aard. In werkelijkheid was hun leven niet geworteld in de zuivere en heilige liefde die God voor hen heeft weggelegd.

God komt om zich te openbaren, niet alleen als Vader – ook als 'Moeder'. Hij kan Zich openbaren als 'Degene met de Borsten' – Degene bij wie je mag komen om gekoesterd te worden. Je kunt gekoesterd worden op een manier waardoor je niet kapot gemaakt wordt, maar juist zo dat je wordt opgebouwd in je leven. Zijn vrouwelijke liefde zal je oprichten, zodat je een heilig leven kunt leiden, omdat je nu een bron hebt waaruit je intimiteit en geborgenheid kunt putten.

Koning David, de herder-koning van Israël, wist wat het inhield om gebruik te maken van de koestering van El Shaddai. Belast met de enorme verantwoordelijkheid voor het voeren van het militaire commando en de opbouw van de natie, zegt hij in Psalm 131:

> *'Heer, Mijn hart is niet hoogmoedig, mijn ogen zijn niet trots; ook wandel ik niet in dingen die te groot en te won-derlijk voor mij zijn. Maar ik heb mijn ziel tot rust en tot stilte gebracht; zo voldaan en stil als een baby die net bij zijn moeder gedronken heeft, is mijn ziel rustig in mij.'*

Hij spreekt hier over zichzelf als kind aan de borst van zijn moeder. De grootste koning van Israël ziet zichzelf op deze manier. Hij heeft het hier niet over 'gespeend zijn' in de zin van dat het de borst ontwend is geraakt om vast voedsel te gaan eten. Het woord 'gespeend' wil in deze context zeggen dat het kind volkomen verzadigd is, vol moedermelk, zodat het als het ware dronken van de moedermelk slaperig tegen haar borst aanligt. Stel je eens voor dat deze koning met al zijn zware staatslasten gaat liggen en verzadigd wordt aan de borst van El Shaddai.

Eén van de manieren waarop wij tegelijkertijd intimiteit en heiligheid kunnen leren, is wanneer wij gevoed worden aan de borst van onze moeder. Daar is zoiets intiems aan en toch ook zo heilig. In die ervaring worden intimiteit en heiligheid ineen geweven. Als wij dat niet ontvangen en niet geworteld en gegrond zijn in die diepe liefde, zullen wij daar altijd naar op zoek gaan. Wij zullen nooit en te nimmer in iets anders bevrediging vinden. We zullen voortdurend daarnaar op zoek zijn. Onze romantische relaties kunnen onze honger misschien tot een bepaalde hoogte stillen, maar er zal altijd een dieper verlangen aan onze ziel knagen.

Wij hebben altijd behoefte aan Vader – niet alleen op het mannelijke vlak, ook op het vrouwelijke vlak. Dank God, dat wij bij Hem kunnen komen en Zijn koesterende liefde kunnen ontvangen. We mogen aan Zijn borst liggen en daar intimiteit en genezing ontvangen. Op die plek kunnen wij diep verbonden worden met Hem.

In Jesaja 49:15 lezen we: 'Kan een moeder haar zuigeling vergeten, zich niet ontfermen over het kind van haar schoot? Zelfs al zou zij die vergeten, Ik zal jou niet vergeten!'

Hier vergelijkt de Vader Zich – niet alleen met een moeder, maar met een *zogende* moeder.[9] Hij vergelijkt Zichzelf met een moeder wiens melk stroomt, die vol melk is, bij wie het hormoon oxytocine (ook wel gelukshormoon genoemd)

---

9.   Het is wel interessant dat Johannes Calvijn, de hervormer en theoloog, in zijn commentaar op dit tekstgedeelte schrijft: 'God stelde Zich er niet tevreden mee in dit voorbeeld zichzelf vader te noemen, maar ten einde Zijn diepe ontferming tot uitdrukking te brengen, koos Hij ervoor Zichzelf te vergelijken met een moeder en noemt Hij Zijn volk niet alleen kinderen, maar de vrucht van de schoot, waarvoor over het algemeen een warmere genegenheid is.' Geciteerd uit zijn *'Commentaries'* *(commentaren), Volume 8: Jesaja 33-66*, Baker Books, 2005.

gestimuleerd is, die vol is van de tederheid van een moeder die 'vol melk' is. Hier geeft hij uitdrukking aan de soort liefde die elke nacht honderd keer opstaat voor je, de soort liefde die zelfs bereid is voor jou te sterven. Als je huilt omdat je ziek bent of bang, dit soort liefde zal er altijd voor jou zijn. Dit is het soort liefde dat geen einde kent. Ze gaat altijd door.

Aan de liefde van een moeder komt nooit een eind. Een moeder die leeft vanuit haar door God gegeven moederlijke liefde zal nooit stoppen met lief te hebben, hoe de omstandigheden ook zijn. Er komt geen einde aan die kwaliteit van liefde. Ik moet denken aan een verhaal dat ik hoorde, dat dit op een prachtige manier illustreert. In de nasleep van een bosbrand maakten arbeiders een nog rokend stuk grond schoon en stuitten zij op het verkoolde geraamte van een vogel. Toen zij het geraamte opzij schoven zagen zij plotseling iets bewegen. Onder de vleugels van de dode moedervogel waren de jongen in leven gebleven – beschermd door hun moeder toen het vuur voorbijraasde! Ze was daar blijven zitten, terwijl zij weg had kunnen vliegen naar een veilige plek. Zij stierf liever, dan dat zij haar jongen in de steek zou laten. Er komt geen eind aan het soort liefde dat een moeder heeft. De liefde van een moeder kent geen grenzen. Voor mij is het glashelder dat dit verhaaltje op een levendige manier laat zien hoe God is.

'Kan een moeder haar zuigeling vergeten, zich niet ontfermen over het kind van haar schoot?' Wanneer wij het hebben over het gevallen moederschap, is het waarschijnlijk wel mogelijk dat een moeder kan vergeten en niet met ontferming bewogen is.

Maar hij roept het uit: 'Zelfs al zou zij jou vergeten, Ik zal jou niet vergeten!' Hij is een grotere uitdrukking van moederschap, dan een moeder van vlees en bloed die overstroomt van koesteringen. Hij is de oerbron en uitdrukkingsvorm van moederschap. Hij zegt hier: 'Ik heb een oneindig veel groter vermogen om jou te vertroosten en teder lief te hebben!'

Verderop in dezelfde profetie (Jesaja 66:10-13) zien we Jeruzalem als type en beeld van de kerk. Het was Gods bedoeling dat Jeruzalem in de wereld zou zijn, wat de kerk nu in de wereld bedoeld is te zijn. God zegt door de profeet:

'Verblijd u met Jeruzalem en verheug u over haar, u allen die haar liefhebt. Wees vrolijk met haar met vreugde u allen die over haar treurt, opdat u mag zuigen en verzadigd worden aan haar vertroostende borsten, opdat u zich met volle teugen mag laven aan de overvloed van haar luister.'

Hij spreekt profetisch over Zijn liefde die door de kerk getoond zal worden:

Want zo zegt de Heer: 'Zie Ik doe de vrede naar haar toestromen als een rivier, en de luister van de heidenvolken als een alles wegspoelende beek. Dan zult u zuigen, u zult op de heup gedragen worden en op de knieën vertroeteld worden.

Zoals iemands moeder hem troost, zo zal Ik hem troosten; ja, in Jeruzalem zult u getroost worden!'

En nu komt het!

'Zoals een moeder haar kind troost zo zal Ik u troosten; en u zult getroost worden!'

Zoals een moeder haar kind troost! Is dat niet verbazingwekkend? De manier waarop een moeder haar kind troost, is anders dan de manier waarop een vader zijn kind troost. Moeders en vaders troosten op een compleet andere manier. Als een klein kind bijvoorbeeld buiten in de tuin gevallen is en huilend naar binnen komt rennen met een kras op zijn knie, zal de vader — als hij het eerst bij hem is – over het algemeen voorover buigen en het kind een klopje op de rug geven en zeggen: 'Het is al goed, ga maar weer lekker spelen!' Op die manier troost een vader, en voor een vader is dat oké om het zo te doen, omdat het de rol van een vader is om het kind 'in staat te stellen' en kracht te geven.

Over het algemeen zal een kind proberen zijn papa voorbij te rennen en naar zijn mama gaan, omdat een moeder op een totaal andere manier troost biedt. Een moeder zal zich voorover bukken en het kind in haar armen nemen. Zij zal het kind vasthouden, kalmeren en het laten huilen. Ze zal het troosten.

God zegt: 'Je zult getroost worden aan haar vertroostende borsten, zoals een moeder troost biedt – anders dan een vader dat doet – zo zal Ik je troosten!'

Hij komt tot ons als de kerk, het Nieuwe Jeruzalem, om ons op dezelfde manier te troosten als een moeder dat doet, met Zijn troostgevende borsten doet Hij de vrede naar ons toestromen als een rivier. Wat je kunt zeggen over iemand die niet gekoesterd is geweest, is dat hij of zij geen vrede kent. Er is iets van binnen dat geen rust kan en zal vinden; iets dat voortdurend in beweging is, zoals de rusteloze golven. Veel mensen kunnen niet tegen stilte. Stilte maakt hen bang. Zij komen het huis binnen en onmiddellijk zetten zij de televisie of de radio aan. Zij verafschuwen stilte en willen die opvullen met een heleboel lawaai. Iemand die geen koestering kent vindt het moeilijk om rustig en stil te zijn. God zegt: 'Als jij op deze plek komt, zal Ik de vrede naar jou toe laten stromen als een rivier – en Ik zal je troosten zoals een moeder troost biedt.' Het is een diepe en universele behoefte die wij hebben. Niet alleen om geliefd te zijn door een vader. Het is niet alleen een vaderloze wereld. Het is echt een moederloze wereld. De wereld heeft een moeder nodig, en wij, de kerk, zijn bedoeld om die moeder te zijn.

6 | De Wolk van Liefde

*Ik zie, wanneer mijn geest de toekomst onderscheidt
en zich uitstrekt om het hart van de mensheid en het
verlangen van God te raken, dat er vanuit de hemel een
nieuwe, krachtige manifestatie van de Heilige Geest zal
komen. Die nieuwe manifestatie is lieflijk, liefdevol en
teder, en in de kracht van de Geest, op een manier die
verder reikt dan wat je hart ooit heeft kunnen bedenken
of heeft gezien. Het licht van God zal door de zielen van
de mensen heen flitsen als de bliksem. De zonen van
God zullen de zonen van de duisternis tegenkomen en
overwinnen.* — John G. Lake

Een paar jaar geleden had ik een ervaring, waardoor het
voor mij duidelijk werd wat er in het hart van God is en wat
Zijn doel eigenlijk is. Op de terugweg naar Nieuw Zeeland,
nadat ik in Europa was geweest voor de bediening, reisde
ik via Sydney om mijn dochter Amanda op te zoeken. Toen
ik daar was kreeg ik een uitnodiging om de zondag erop in
de plaatselijke kerk daar te spreken. Omdat ik niet zo graag
spreek heeft mijn echtgenoot, James, mij dit advies gegeven:
'Iedere keer dat je een uitnodiging krijgt om te spreken, zeg
dan meteen: 'Ja', zonder er verder bij na te denken, want
als je eerst erover gaat nadenken zal je nergens meer willen
spreken.' Dus stemde ik na een korte aarzeling toe om de
volgende zondag te komen spreken. Ik had een volle week de

tijd om de Heer te zoeken en een boodschap te ontvangen die ik aan de kerk kon doorgeven.

Ik kon moeilijk in slaap komen, vanwege de jetlag. Op een nacht werd ik in de vroege uurtjes van de ochtend wakker om ongeveer 02.00 uur. Zodra ik wakker was, kreeg ik meteen het gevoel dat de hele kamer duidelijk gevuld was met de tastbare tegenwoordigheid van God. Het is niet overdreven als ik zeg dat het één van de meest krachtige ervaringen van Gods tegenwoordigheid was, die ik ooit heb gehad. Als de Heer Zich fysiek vlak voor mijn ogen had gemanifesteerd zou het niet méér werkelijk voor me zijn geweest, dan wat ik die nacht meemaakte. De lucht was elektrisch geladen met Zijn aanwezigheid. Het voelde aan alsof iedere cel van mijn lichaam geladen was en gevuld met het levende Woord van God. Op dat moment had ik het gevoel dat ik tot alle kennis was genaderd, dat alle dingen aan mij werden geopenbaard en dat ik alle geheimenissen kende. Ik had het gevoel dat ik de ontelbare sterren in alle Melkwegen bij name zou kunnen noemen. Net zoals Adam de dieren een naam gaf, en op die manier werden zij achtereenvolgens gekend, wist ik dat God de mens heel bewust heerschappij had gegeven. God had Adam vertrouwd en door deze ervaring wist ik wat dat inhield. In Zijn tegenwoordigheid was er niets verborgen voor mij. Alles werd geopenbaard. Ik had het gevoel dat ik heel veel Bijbelteksten kende zonder dat ik ze uit mijn hoofd had hoeven leren, omdat ze daar in het centrum van mijn wezen al aanwezig waren.

Gelukkig, of jammer genoeg – dat hangt af van hoe je ernaar kijkt – toen de tegenwoordigheid van de Heer verdween, verdween ook al die kennis. Ik was weer gewoon mezelf. Na die ervaring was ik niet beter geïnformeerd dan voordat ik naar bed ging die avond, maar gedurende die tijd was wat de volheid van kennis leek te zijn wel aanwezig in me.

Er waren een aantal dingen die God tot me gesproken had, die ik me nog wel kon herinneren nadat Zijn tastbare tegenwoordigheid opgeheven was. Door één daarvan werd ik sterk geraakt. Met grote nadruk zei Hij tegen mij: 'Ik leg een nieuw fundament van liefde in Mijn kerk.' Toen ik dat hoorde dacht ik onmiddellijk: 'Dit is de boodschap die ik zondag moet brengen! Ik heb het!' Ik had niet in de gaten dat het in de allereerste plaats een woord voor mijn eigen hart was, maar het had ook diepgaande en verstrekkende betekenis voor het hele lichaam van Christus.

Een nieuw fundament van liefde in Mijn kerk! Toen ik hierover lag na te denken, kwam er een citaat in mijn gedachten, dat ik had gelezen en opgeschreven op het schutblad van mijn Bijbel. Het was van John G. Lake, die op een machtige manier werd gebruikt door God in wonderen en tekenen, vooral in Zuid-Afrika. Tegen het einde van zijn leven stelde hij het volgende:

> *'Ik zie, wanneer mijn geest de toekomst onderscheidt en zich uitstrekt om het hart van de mensheid en het verlangen van God te raken, dat er vanuit de hemel een nieuwe, krachtige manifestatie van de Heilige Geest zal komen. Die nieuwe manifestatie is lieflijk, liefdevol en teder, en in de kracht van de Geest, op een manier die verder reikt dan wat je hart ooit heeft kunnen bedenken of heeft gezien. Het licht van God zal door de zielen van de mensen heen flitsen als de bliksem. De zonen van God zullen de zonen van de duisternis tegenkomen en overwinnen.'* — John G. Lake

Toen ik die uitspraak de eerste keer las, was ik echt onder de indruk. Dit zei een man die getuige was geweest van Gods kracht op een buitengewone manier. Ik dacht dat als ik zou kunnen zien wat hij had gezien, ik als een gelukkige vrouw zou kunnen sterven! Hij zei dat de manifestatie zou komen met 'zachtheid, in liefde en tederheid' – iets wat jouw en mijn ogen nog nooit hebben gezien. Wat John G. Lake zag komen in de toekomst, zou groter zijn dan wat hij ooit in zijn leven had gezien.

Ik begon na te denken over alle manifestaties van kracht die onder de handen van mensen als John G. Lake hadden plaats gevonden, en door de grote voorlopers uit de kerkgeschiedenis. Deze zijn gemeengoed geworden, vanwege de opmerkelijke zalving die zij bezaten in het wonderbaarlijke. Mensen hebben getuigd van ongelooflijke tekenen en wonderen door hun bedieningen, vooral in de afgelopen eeuw. Niettemin is dit iets dat verder gaat, iets heel anders. John G. Lake zag een beweging van God in de toekomst, die oneindig veel groter zou zijn dan wat men ooit eerder had meegemaakt en het zou gekenmerkt worden door kwalificaties als zachtheid, tederheid en liefde. Ik geloof niet dat wij tekenen, wonderen en levensveranderende transformaties hebben gezien die kwamen in 'zachtheid, liefde en tederheid.' Wij hebben demonstraties van geloof en de werking van krachten gezien. Wij hebben ook het uitoefenen van de zalving gezien op een wat wij zouden kunnen noemen 'ruwe' manier, maar het was wel van de Geest en het werkte. De werkwijze van iemand als Smith Wigglesworth had veel succes en zonder enige twijfel was het op één lijn met de Geest, maar je kunt nu niet bepaald zeggen dat het beminnelijk was, teder en liefdevol. De algehele uitwerking daarvan was enigszins anders. Ze kwam met kracht en was dynamisch en niet zozeer zacht en teder.

Maar vrienden, er komt iets nieuws aan! Iets essentieel anders, van een andere kwaliteit, met een andere werkwijze, anders dan wat we ooit hebben gezien, anders dan wat jouw of mijn hart ooit heeft gezien. Midden in deze ervaring 's nachts met de Heer kon ik dat allemaal zien. Ik kon zien dat God iets nieuws aan het doen was, en dat het komt met zachtheid, tederheid en liefde.

De eerste keer dat ik de boodschap bracht dat de Vader het hart van een moeder heeft, merkte Jack Winter, die onze geestelijke vader was en wiens bediening de voedingsbodem was voor onze huidige bediening, iets heel treffends op. Hij zei: 'Ik denk dat waar wij het over hebben, het ervaren van Vaders liefde, in werkelijkheid de uitstorting van het Moederhart van God is.'

Dat geloof ik echt! Waarom geloof ik dat? Omdat het op een andere manier tot ons komt. Of het nu via een man of een vrouw tot ons komt, of wij het nu hebben over God de Vader of niet, waar het in wezen over gaat is Zijn zachtheid, Zijn genade, Zijn barmhartigheid en Zijn liefde. Deze eigenschappen worden over het algemeen in verband gebracht met vrouwelijkheid. Meestal stelt de bediening van een vader ons in staat iets te kunnen doen, geeft ons visie voor iets en sterkt ons, zodat wij iets kunnen ondernemen wat wij eerder niet konden doen, om risico's te durven nemen. Een vader geeft identiteit en mannelijke kracht om voorwaarts te gaan en koninkrijksheerschappij tot stand te brengen. Een vader zegt: 'Ik geloof in je. Je kunt het!'

God is bezig een nieuw fundament te leggen, Zijn liefde uit te storten in de fundering van de kerk, zoals het vanaf het begin is geweest. Ik geloof dat het al het vorige wat er in de kerkgeschiedenis heeft plaatsgevonden zal overtreffen. Wij staan aan het begin van het begin, waarin God Zich aan het openbaren is als Vader. Hij is een betere vader dan we ooit hebben kunnen dromen. Hij is een vader die alle mannelijkheid bezit om ons kracht te kunnen geven, ons vooruit te brengen, maar Hij is ook een vader die de tederheid van een moeder heeft met liefde en begrip, ontferming, barmhartigheid en vertroosting. Deze eigenschappen heeft Hij allemaal in Zich, en Hij is nu bezig Zichzelf als zodanig te manifesteren.

Toen ik aan het overdenken was wat er die nacht was gebeurd, moest ik ook denken aan de preek die ik die zondag zou gaan houden. Ik had niet een goed overdachte boodschap, maar ik dacht erover om gewoon te gaan staan en de mensen te vertellen over de liefde van God. De kerk waar ik zou spreken was heel actief en doelgericht. Zij hadden de visie om Sydney, Australië en daarbuiten, met het evangelie te bereiken. Zij waren een sterk missionair gerichte kerk. Toen ik die zondag voor hen stond begon ik over de liefde van God te spreken en over hoe de Vader in werkelijkheid is. Ik sprak over Zijn liefde, Zijn bewogenheid, Zijn barmhartigheid en goedheid, Zijn genade en tederheid.

En toen gebeurde er iets buitengewoons. Terwijl ik sprak, merkte ik dat er een soort nevel het gebouw binnenkwam. Die golfde zachtjes door de muren achterin de aula en het begon de vorm van een wolk aan te nemen. De wolk bewoog en breidde zich uit en begon de hele ruimte te vullen. Ik was echt in de Geest en ik was er niet zeker van met welke ogen ik het zag. Waren het mijn fysieke ogen of had ik een geestelijk visioen? Voor mij was het zo natuurlijk en vanzelfsprekend, dat de gedachte niet in mij opkwam om aan iemand te vragen of zij het ook hadden gezien.

Terwijl de wolk opsteeg, begonnen er vreemde dingen in de samenkomst te gebeuren. Wat er gebeurde was men niet gewend in deze kerk en men had dit niet verwacht. Sommige kerkleden gleden zachtjes uit hun stoel op de vloer. Sommigen lachten en weer anderen huilden. De hele samenkomst rustte onder het gewicht van deze wolk van Goddelijke tegenwoordigheid, die zich door de ruimte heen bewoog.

Terwijl ik naar die wolk keek had ik het gevoel dat ik iets moest zeggen. Ik wilde zeggen: 'De Vader is hier', omdat ik over Zijn liefde had gesproken, maar in mijn geest voelde ik niet de vrijheid om dat te zeggen. Dat waren niet de gepaste woorden om te zeggen. Toen dacht ik eraan om te zeggen: 'Jezus is hier', maar op de één of andere manier kreeg ik die woorden er niet uit. Ik kreeg het zelfs niet voor elkaar om te zeggen dat het de Heilige Geest was. Uiteindelijk was het enige dat ik kon zeggen: 'Liefde is gekomen! Liefde is hier!' Het was wat ik zou willen noemen een volle ervaring van de Drie-eenheid, waarin de Vader, Zoon en Geest samenkwamen. Omdat God was gekomen, en God liefde is, was liefde gekomen. Als God tot ons komt, komt de liefde zelf tot ons, omdat God liefde is en die goddelijke liefde was krachtig en tastbaar aanwezig op dat moment.

Toen begon ik iets te ervaren dat leek op wat ik de afgelopen donderdagnacht had ervaren. De Schrift kwam op een indringende manier voor mij tot leven. Er gebeurden een heleboel dingen tijdens de samenkomst, terwijl de wolk zich verder uitstrekte en door de zaal heen bewoog. Ik merkte dat ik werd opgenomen in een lichtflits van openbaring. Efeze 3:14-19 werd voor mij plotseling duidelijk. In dat vers zegt de apostel Paulus:

> *'Om deze reden buig ik mijn knieën voor de Vader van onze Heer Jezus Christus, naar wie elk geslacht in de hemelen en op de aarde genoemd wordt, opdat Hij u geeft, naar de rijkdom van Zijn heerlijkheid, met kracht gesterkt te worden door Zijn Geest in de innerlijke mens, opdat Christus door het geloof in uw harten woont en u in de liefde geworteld en gefundeerd bent, opdat u ten volle zou kunnen begrijpen, met alle heiligen, wat de breedte en de lengte en diepte en hoogte is, en u de liefde van Christus zou kennen die de kennis te boven gaat, opdat u vervuld zou worden tot heel de volheid van God.'*

Wat mij in het bijzonder opviel was dat wij gesterkt moeten worden met kracht, door de Heilige Geest in onze innerlijke mens, om de volheid van God te kunnen ontmoeten. Wij hebben die capaciteit niet in onszelf, om een vat te zijn voor de eeuwige liefde van God. Paulus bidt dat onze geest versterkt zal worden, zodat wij echt in ons hart en in onze geest zullen weten wat deze liefde inhoudt. Deze liefde is te groot om met het menselijke intellect te bevatten. Deze liefde is te groot voor het verstand, omdat zij de kennis overstijgt. Deze liefde gaat je verstand te boven. Maar deze liefde kun je wel kennen, wanneer de Heilige Geest je innerlijke wezen versterkt met kracht. Het Griekse woord voor 'kennen' hier is ginosko, en dat betekent 'op een diepe manier met je hart bekend raken met'. Dit is dezelfde manier van kennen als wanneer een man één wordt met een vrouw. Het draagt de betekenis van intieme kennis. Wij moeten de kracht van de Heilige Geest ontvangen om de liefde van God te kennen (ginosko) in het diepst van ons hart. Je krijgt het gevoel dat Paulus aan het worstelen is om de juiste 'mensentaal' te vinden, om duidelijk te maken wat zijn ervaring van de liefde van God ten volle inhoudt.

Wonderbaarlijk! Te vatten hoe breed en lang en hoog en diep de liefde van Christus is en die liefde te kennen! Dit, dierbare vriend is een kennen vanuit je hart, een geestelijk kennen. Zij overtreft het menselijke intellectuele kennen. De menselijke geest heeft geen idee van de overtreffende capaciteit van de liefde van God, deze liefde van God is te groot voor het menselijke bevattingsvermogen. Ik denk dat Paulus meegevoerd werd in zijn geest, toen hij deze woorden opschreef. Ik raad je aan om dit bijbelgedeelte steeds opnieuw te lezen en erover te mediteren, om de waarheid die erin zit een beetje te kunnen bevatten.

Paulus bidt dat wij gesterkt zullen worden: 'naar de rijkdom van Zijn heerlijkheid.' Ik was goed bekend met de uitdrukking: '...de kracht van Uw liefde.' Ik had die woorden vaak gezongen tijdens aanbidding, maar nu begon het mij te dagen dat ik geen flauw vermoeden had wat het werkelijk inhield! Ik had er geen idee van wat de kracht van Zijn liefde werkelijk is! Vanuit onszelf kunnen we daar gewoonweg niet binnenkomen; ook kunnen we het niet bevatten. Hij moet ons door Zijn goddelijke Geest versterken, om zo de macht van Zijn liefde te leren kennen en te vatten.

Vanuit je hart kennen – Zijn liefde ervaren, is het ervaren van een liefde die oneindig groter is dan wat jij of ik ons ook maar kunnen voorstellen. Wijder dan de oppervlakte van de oceaan, langer dan de omtrek van de aarde, hoger dan de hoogste bergtop, dieper dan de diepste zee. Ze overstijgt alle kennis! Wij kunnen weet hebben van liefde en we kunnen haar tot een bepaalde hoogte ervaren, maar al zou je aan de beste vorm van liefde denken die je ooit hebt ervaren of waarover je ooit hebt gehoord op deze aarde, er zijn grenzen aan dat soort liefde. Liefde op deze aarde is beperkt, maar deze liefde kent geen grenzen. Ze is groter dan onze geest bevatten kan. Velen van ons weten iets over liefde, maar wij hebben de liefde zelf niet ervaren.

De reden waarom wij de liefde van God niet kennen, is dat wij vervuld moeten worden met de Heilige Geest om haar te kunnen bevatten, zodat zij werkelijkheid voor ons kan worden in onze ervaring. Wij moeten vervuld worden met de Geest, omdat Hij de liefde kent! En omdat Hij de liefde kent, kan Hij de liefde werkelijkheid voor ons doen worden in de diepte van ons wezen. De Heilige Geest kan ons die kennis bijbrengen, omdat zij voor Hem werkelijkheid is in de diepten van Zijn wezen – als ik het zo zou mogen zeggen. Hij moet ons versterken, willen wij de liefde van God kunnen ontvangen om vervolgens lief te kunnen hebben met de liefde van God.

Toen deze wolk langzaam binnen sijpelde, kwam nog een ander Schriftgedeelte plotseling tot leven voor mij, en dat was 1 Korinthe 13, de bekende passage over de liefde. Het overrompelde me omdat, om eerlijk te zijn, dit gedeelte mij niet veel zei. Wat ik in het leven het belangrijkste vond was doen wat je moet doen, je doel bereiken. Ik had geen tijd om me met liefde bezig te houden en ik had geen interesse in liefde – hoe kon ik me nu druk maken over liefhebben, terwijl er een wereld geheeld en gered moest worden? Zo voelde ik me echt! Mijn vooroordeel over 1 Korinthe 13 werd bevestigd, toen ik het iemand hoorde voorlezen als trouwtekst die gekozen was op de bruiloft van een vriend. Die vriend zat in de New Age beweging en de keuze om dat Schriftgedeelte op een New Age bruiloft te gebruiken, was voor mij een overduidelijke bevestiging voor de tegenstrijdige gevoelens die ik had over dit Schriftgedeelte. Het was gewoon flauwekul, stelde niets voor en je had er ook niets aan. Maar... terwijl ik naar die wolk van liefde keek die naar mij toekwam, en getuige was van hetgeen zich ontvouwde toen het door de samenkomst bewoog, kon ik in mijn geest de waarheid zien van I Korinthe 13. Ik zag dat het een openbaring was van Wie God zelf in feite is.

Omdat God liefde is, is dit hoofdstuk ook een openbaring van hoe God is. In het voorgaande hoofdstuk heeft Paulus onderwezen over de gaven en de uitingen van de Geest, over de apostelen, profeten en dergelijke. Maar vervolgens besluit hij dat gedeelte met te zeggen: '...en nu zal ik jullie een hogere weg laten zien.' Deze weg, de weg van liefde is anders dan andere manieren van handelen in de Geest. Weet je, het is mogelijk om in de dingen van de Geest te bewegen en toch zonder liefde te zijn. Toen ik nadacht over de woorden van John G. Lake wist ik dat ik getuige was geweest van de gaven van de Geest, en dat die met succes waren gebruikt, maar niet op een zachte, tedere manier en niet in liefde. Ontegenzeggelijk was het van God geweest, onder de zalving van de Geest werkten de gaven en bedieningen op een onvervalste manier, maar niet in liefde.

Het is zo dat geloof altijd zal werken. Als wij in geloof uitstappen, zal het geloof voortbrengen waarvoor het geloof heeft. Je kunt een 'genezingsbediening' hebben. Je kunt een 'bediening van wonderen' hebben. Je kunt zelfs doden opwekken – maar het gebeurt door geloof of zalving en niet 'door liefde'. Paulus zegt: 'Het enige dat telt is het geloof dat door de liefde werkzaam is.' (Galaten 5:6). Wij hebben zoveel uitwerking gezien van de bediening van de Geest. James en ik hebben zoveel dingen gezien die resultaat hadden, omdat we er geloof voor hadden. Ik ben het type persoon dat ijzeren deuren kon doen omvallen en het bevel kon geven om open te gaan voor me. Ik deed dingen op basis van mijn wilskracht en mijn geloof, maar wij hebben niet het wonderbaarlijke gedemonstreerd zien worden in de tederheid van de liefde. Paulus spreekt over de 'hogere weg'. Ik denk dat het dit was, waar God het over had toen Hij tegen mij zei: 'Ik leg een nieuw fundament van liefde in Mijn kerk.'

'Al zou ik spreken met de tongen van mensen en van engelen…*maar ik heb de liefde niet…*' Paulus zegt niet: 'Als ik het niet op een aardige liefdevolle manier doe', maar hij heeft het over liefde als iets dat je hebt. Hij heeft het over liefde als een substantie die je innerlijk bezit. Als ik de liefde *niet heb,* ben ik niets anders dan een galmende gong of een rinkelende cymbaal.

'Als ik de gave van profetie heb en de diepten van alle geheimenissen kan peilen en alle kennis heb.' Denk daar eens over na! Wat zou ik er niet voor over hebben om alle geheimenissen te kunnen doorvorsen en alle kennis? Ik ken enkele profetische mensen die buitengewoon begaafd zijn en een hoge graad van nauwkeurigheid hebben in wat zij kunnen horen van God. Ik ben geneigd te denken dat zij een heel intieme relatie met God hebben, maar Paulus zegt dat iemand misschien zo kan zijn, maar dat het zonder de liefde geen betekenis heeft! Geloof bezitten dat in staat is om bergen te verplaatsen zonder dat je de liefde hebt, stelt niets voor. Sta daar eens bij stil; als je iemand zou tegenkomen die genoeg geloof heeft om een berg in de zee te werpen, zou dat indrukwekkend zijn om het zo maar even te zeggen, maar zonder de liefde is het niets.

Zelfs zoiets radicaals, als alles wat je bezit aan de armen geven en je lichaam geven om verbrand te worden, zou niets voorstellen als het niet uit liefde gebeurt. Ik denk dat er niet veel manieren zijn om te sterven, die moeilijker te verdragen zijn dan levend verbrand te worden. Er zijn mensen geweest die zover zijn gegaan dat zij zichzelf in brand hebben gestoken voor iets waarin zij geloofden, maar zonder de substantie van liefde baat het helemaal niets.

De apostel gaat verder met het beschrijven van hoe liefde eruit ziet. 'Liefde is geduldig.' In andere vertalingen staat: 'De liefde is lankmoedig' (lankmoedig betekent: kan lang lijden). Ik houd echt van die vertaling, omdat ik denk dat die heel dicht bij de ware betekenis ligt. De liefde van een moeder kan het lang vol houden. Eigenlijk is het voor haar geen lijden, omdat zij van haar kind houdt. Als een moeder 's nachts opblijft om haar kind te troosten, is dat voor haar geen vorm van lijden, omdat haar liefde voor het kind sterker is dan al het lijden. Voor de objectieve toeschouwer lijkt het erop dat de moeder eronder lijdt – maar de moeder lijdt niet. Zij heeft lief. Als Paulus zegt: 'liefde is lankmoedig', is dat omdat het meer met liefde te maken heeft dan met lijden. Zie je, liefde kijkt vanuit een totaal ander gezichtspunt. De nadruk ligt niet op lijden – maar op liefhebben.

Dat kon ik allemaal zien binnenin de wolk. De tegenwoordigheid van God was zo krachtig in die samenkomst. Het stond voor mij buiten iedere twijfel vast dat liefde haaks staat op zelfgerichtheid. Ik herinner me een ervaring waarin ik Jezus eens in de ogen heb gekeken. De Schrift zegt dat God een verterend vuur is (Hebreeën 12:29). Daar ben ik nooit bang voor geweest, omdat ik wist dat het vuur een alles-verterende liefde is. Wat mij tijdens die ervaring het meeste trof, was dat er in zijn ogen geen greintje zelfgerichtheid was. Zij waren volkomen gericht op het voorwerp van Zijn aandacht – op mij. Er was niets in Zijn blik waardoor iemand zich ooit afgewezen zou kunnen voelen. Terwijl ik in die wolk keek, kon ik zien dat er niets in was dat iets van je eiste. Hij vraagt niets voor Zichzelf. Als Hij naar je kijkt, draait het alleen maar om jou. Jij absorbeert Zijn aandacht volkomen. Zijn gedachten over jou zijn niets anders dan liefde, belofte, ontferming en hoop. Deze liefde eist niet van je dat je iets moet doen. Het stroomt maar één kant op.

Deze liefde die alle kennis te boven gaat, is buitensporig. Ze houdt geen foutenlijstje bij, dat is verbazingwekkend. Als je daar bij stilstaat en erover nadenkt, is dat gewoon buitensporig. Als jij gericht bent op het moeten houden van regels en regelementen, op het doen van wat juist is en het vermijden of zelfs afstraffen van wat verkeerd is, zal deze uitspraak moeilijk te verteren zijn. Liefde die niet bijhoudt wat er allemaal verkeerd is gedaan? Ik had een hele lijst van goede en verkeerde dingen en de verkeerde dingen stonden onderstreept, met dikgedrukte hoofdletters opgeschreven! Maar deze liefde houdt de stand niet bij! Zelfs wanneer je vergeving vraagt voor iets dat je steeds opnieuw doet, denkt de Vader in Zijn liefde daar niet meer aan. In Zijn ogen heeft Hij de allereerste keer dat je er berouw van had je al vergeven en de herinnering eraan uitgewist. Zijn liefde is niet het soort liefde waar wij aan gewend zijn. Het overstijgt elke soort liefde en gaat onze kennis te boven.

Er was nog iets anders dat verbazingwekkend was. Binnenin die wolk van liefde bevond zich goddelijke kennis. Toen de liefde kwam bevond iedereen zich in het licht. Het licht van die liefde legde ieders leven bloot. Binnenin mij had ik het gevoel dat ik tot in de kleinste details over ieders leven had kunnen vertellen. Ik voelde dat ik, als ik dat wilde, toegang had tot die kennis. Ik had de meisjesnaam van hun moeder kunnen vertellen of waar hun grootvader was geboren. Ik had het gevoel dat dit soort informatie makkelijk en direct toegankelijk was in die atmosfeer van liefde. De liefde zelf bevatte alle kennis. Profetische geheimenissen zouden geopenbaard worden binnen die liefde. Ik wist wat Paulus bedoelde toen hij verkondigde: '… dan zal ik ten volle kennen zoals ik zelf gekend ben.'

(I Korinthe 13:12). Het was een voorproefje van de hemel, ten volle kennen en ten volle gekend zijn. Ik had het gevoel dat ik de bestemming van ieder persoon in de zaal kende, ik kon de roeping van God op hun leven zien – onaangetast en onbezoedeld door zonde. Ik kon zien hoe God hen bedoeld had bij hun schepping als unieke personen, waarbij een ieder van hen schitterde in pracht en praal – zonder zonde! Zo zag God hen. Zo zag de Liefde zelf hen.

Nu, jaren later, mediteer ik nog steeds over wat er op die zondagochtend in die zaal van een kerk in Sydney gebeurde. Is het niet geweldig dat deze Vader niet kijkt naar dingen die ons naar beneden trekken? In de wereld hebben ze het gezegde dat 'liefde blind maakt', maar in werkelijkheid is het alleen de liefde die echt kan zien. Liefde is niet blind. Zij ziet pas echt wie iemand is. Als je echt van iemand houdt en die persoon doet iets wat niet deugt, doet dat er dan wat toe? Als je van hen houdt gaat het er in feite niet om wat ze hebben gedaan. Iedere ouder die echt van zijn of haar kind houdt weet dat. Als het kind iets verkeerd doet, zal dat de liefde van de ouder niet doen afnemen. Als dat voor ons als mensen geldt, dan geldt het zeker voor God. Neem de liefde die een ouder voor zijn of haar kind heeft en vermenigvuldig die een flink aantal keer om zo een beginnetje te maken met het bevatten van hoe groot de liefde van God is. De liefde van God in Christus Jezus gaat ons bevattingsvermogen ver te boven.

Steevast wanneer ik hierover spreek op een conferentie of in een samenkomst kom ik mensen tegen, die na afloop proberen hieraan afbreuk te doen. Het zijn mensen die eten van de boom van de kennis van goed en kwaad, die zeggen: 'Denise, op die manier geef je de mensen een vrijbrief om te zondigen! Mensen zullen toch misbruik maken van wat jij zegt, dat God hen hun zonden niet aanrekent en nog meer gaan zondigen!' Meestal reageer ik daarop met tegen hen te zeggen dat ik iemand heb horen zeggen, dat als het prediken van het evangelie er niet toe leidt dat de mensen vragen: 'Mogen we dan doorgaan met zondigen?', dan is het evangelie van genade niet op de juiste manier gepredikt. Als men die vraag niet stelt, heb jij het evangelie van de genade die Paulus predikte, nog niet gebracht. Paulus stelt een retorische vraag: 'Wat dan? Zullen wij zondigen omdat wij niet onder de wet maar onder de genade zijn?' (Romeinen 6:15) Hij vraagt dat, omdat deze vraag logischerwijs volgt op wat hij heeft onderwezen over genade. 'Volstrekt niet!' Maar het punt dat hij maakt, is dat alleen genade en liefde ons ertoe zullen brengen met zondigen te stoppen. De wet geeft de zonde kracht, maar genade en liefde ontnemen haar die kracht. Een vriendin van mij beschreef dit heel mooi. Zij vertelde mij dat er op veel veehouderijen in Australië geen afrasteringen zijn – de landerijen zijn zo uitgestrekt, dat het een onmogelijke zaak zou zijn om het af te rasteren. Het is er ook nog eens erg droog, maar hier en daar zijn poelen en het vee zwerft nooit ver van het water vandaan. Ze hebben geen afrastering nodig, want ze zullen sterven van de dorst als ze te ver van het water afdwalen. Weet je, je hebt geen wet nodig als je dorst wordt gelest in de poel van genade, in de rivier van liefde. Er is vrijheid, maar die reikt niet verder dan deze liefde jou toestaat te gaan. Liefde stelt haar eigen grenzen en houdt daarbij rekening met het voorwerp van haar liefde. Als wij afdwalen van de liefde van God krijgen wij dorst en worden we teruggeleid om van die bron van liefde te komen drinken.

De liefde blijft je terugroepen. Ze trekt je vastberaden terug naar haar centrum en naar haar omhelzing. Ze beschermt altijd, vertrouwt altijd, hoopt altijd, houdt het altijd vol. Daar lijkt Hij op. Dit gedeelte beschrijft de liefde van de Vader. Verbazingwekkend! Wij worden vaak gepakt door veroordeling en hebben het gevoel dat wij God hebben teleurgesteld. Maar raad eens? Hij vertrouwt ons nog steeds. Hij volhardt om ons binnen te brengen in de volheid van Zijn doelstellingen voor ons leven. Hij koestert een grenzeloze hoop voor ons. Hij waakt over ons en beschermt ons met liefderijke zorg en ferme kracht.

Deze liefde faalt nooit. De liefde waar Paulus het over heeft in 1 Korinthe 13, is dezelfde liefde waar hij het over heeft in Efeze 3, waar hij bidt dat wij de breedte en de lengte, de hoogte en de diepte van de liefde van Christus zullen kennen. Die liefde is groter dan onze kennis, maar is uitgestort in ons hart. Die liefde kan je alleen kennen in je hart, omdat de kennis van ons hart geen grenzen kent. Je kunt haar niet conceptueel bevatten, door een manier van denken of bepaalde regels. De liefde van God is daar veel te groot voor.

Die dag besefte ik dat het Nieuwe Verbond uitsluitend over liefde gaat. Ik zag, dat alles in het Nieuwe Testament dat leek op een lijst van wat je moet doen of niet moet doen, (en er zijn veel van zulke uitspraken vooral in de brieven van Paulus) eigenlijk alleen maar gaat over liefde. Het hele Nieuwe Verbond gaat over de openbaring van de liefde van God voor ons. Als Paulus het bijvoorbeeld heeft over: 'pleeg geen overspel' of: 'bedrink u niet aan wijn', dan zegt Paulus dat omdat je die dingen alleen kunt doen als je uit de liefde stapt. Alles wat Paulus zegt en wat je zou kunnen opvatten als een voorschrift, heeft te maken met het wandelen in onderlinge liefde binnen Gods gezin. Waar het om draait is in de liefde blijven. Ik kan niet gaan roddelen of negatieve dingen over je vertellen, tenzij ik uit de liefde stap. Je kunt zulke dingen niet doen en tegelijkertijd in de liefde blijven. Het doel van het christen-zijn is leren leven in liefde, groeien in liefde en leren hoe je het in kan drinken, totdat het een deel van je wordt. Vaders doel voor ons is, dat wij zo worden opgeslokt in Zijn liefde, dat de relaties die wij met elkaar hebben niet anders dan daardoor positief beïnvloed kunnen worden.

Ik heb onlangs een uitspraak gedaan die uitgelegd zou kunnen worden als controversieel, maar dat is ze in feite niet. Ik zei — De liefde van de Vader is te groot voor de kerk. Voor sommige mensen kan dat erg radicaal klinken, maar is dat nu juist niet wat Johannes 3:16 zegt? Want God heeft de wereld zo liefgehad! Wij hebben geprobeerd de liefde van God in het doosje van de kerk te stoppen, maar wij hebben het grotere geheel niet gezien. Wij hebben de allesomvattende visie van Vader, die de totale scheppingsorde wil vullen met Zijn liefde, niet begrepen. Zie je, wij zullen allemaal onze identiteit vinden als zonen en dochters. Wat nog meer is; de hele schepping kreunt en ziet met reikhalzend verlangen uit naar het openbaar worden van de kinderen van God (Romeinen 8:19, 20). God kende ons al, lang voordat onze ouders ons verwekten. Hij kende ons toen wij als het ware nog 'in Adam' waren. Hij verloor ons door de zondeval, maar we werden teruggekocht voor Hem door de dood van de Eerstgeborene, Zijn geliefde Zoon. Jezus kwam om ons terug te brengen in de liefde van de Vader en om onze bestemming als zonen en dochters te herstellen.

De ongelofelijke waarheid hiervan trof mij toen ik in Hong Kong was een paar jaar geleden. Ik sprak op zondag in een kerk en de voorganger vroeg mij of ik die week nog eens wilde komen spreken voor een groep vluchtelingen. Dus ging ik terug naar de kerk op dinsdagochtend. De afspraak was dat de vluchtelingen naar het kerkgebouw zouden komen voor een gratis lunch, op voorwaarde dat zij zouden nablijven om wat christelijk onderwijs bij te wonen. Dus na de lunch gingen de vluchtelingen naar de aangrenzende zaal om te horen wat ik te zeggen had. De meesten van hen waren mannen uit Afrika. Er werd een lied gezongen waar de mannen niet aan meededen. Ik heb niet echt de gave van evangelisatie en ik had geen flauw idee wat ik zou gaan zeggen tegen die mannen. Maar na het lied, toen ik op het punt stond om te gaan spreken, leunde de voorganger naar me over en fluisterde in mijn oor: 'Heb ik je verteld dat al deze mannen moslims zijn?'

Mijn hart stond even stil. Waar was ik nu in terechtgekomen? Het overdonderde me totaal. Ik had geen flauw idee wat ik moest zeggen, maar door die opmerking werd mijn er-niet-klaar-voor-zijn alleen maar groter! Het enige dat ik kon doen was uit het diepst van mijn hart roepen – help!

En dat deed Hij. God hielp me inderdaad. Toen ik het zeer luid van binnen uitriep, zei Hij iets tegen mij, zó rustig dat ik niet had kunnen denken dat Hij dát zou zeggen: 'Denise, ga gewoon staan en wees een moeder voor hen.' Ik dacht: 'Oké, dat kan ik.' Dus ging ik staan en keek die mannen aan. Slechts enkelen waren ouder dan onze oudste zoon. Ik zei tegen hen: 'Ik ga jullie niet iets onderwijzen, maar ik wil jullie graag iets vertellen, waarvan ik zou willen dat jullie dit zouden weten, als ik jullie moeder zou zijn en jullie mijn zonen zouden zijn.' Dus begon ik hen te vertellen dat er een Vader in de hemel is, die zoveel van hen houdt dat Zijn wens voor hen was dat zij nooit die dingen zouden hebben moeten ervaren die zij hebben meegemaakt. Zij hadden afschuwelijke dingen in oorlogen meegemaakt. Sommigen van hen waren kindsoldaten geweest en waren aan hun leiders ontkomen. Ik vertelde hen hoe kostbaar en mooi zij waren in Gods ogen. Terwijl zij mij aankeken, sprak ik tot hen vanuit mijn moederhart. En toen hoorde ik mezelf zeggen: 'Ik kom nu van het podium af om hier voor te gaan staan, en als iemand van jullie het fijn zou vinden om omhelst te worden door een moeder, kom dan naar mij toe. Velen van jullie weten niet wat dat is: liefdevol door een moeder omhelsd te worden. Velen van jullie zijn weggegeven, velen van jullie zijn weggevoerd en het is misschien jaren geleden dat je je moeder hebt gezien. Maar als je omhelst wilt worden door een moeder...ik ga hier gewoon staan wachten en je mag naar mij toekomen.'

Ik stond daar en wachtte, en wachtte. Soms ving ik een vluchtige blik op en knikte en glimlachte ik naar hen. En toen, één voor één, kwamen de dappersten naar voren en ik sloeg mijn armen om hen heen en hield hen vast. Toen ik enkelen van hen omhelsde, wist ik op de een of andere manier dat zij nog nooit in hun leven door iemand waren omhelsd. Ik kon voelen dat zij in hun hele leven nog nooit de omhelzing van een moeder hadden ervaren. Sommigen van hen hielden mij zo stevig vast, dat het erop leek dat zij zouden sterven als zij mij zouden loslaten. Zij hunkerden naar liefde en genegenheid. Terwijl zij naar voren kwamen, vertelde ik hun hoe kostbaar en geliefd zij waren. Ik zei: 'Jullie beseffen niet hoe beminnelijk jullie zijn, maar jullie zijn het echt waard om geliefd te worden. Jullie hebben zoiets moois en unieks in je.' Sommige van deze mannen behoorden tot de meest geharde personen die ik ooit ben tegengekomen, maar ik zag de tranen over hun gezicht stromen.

Echt, dat was de liefde van de Vader, maar Hij verlangde niet van mij dat ik op dat moment zou zeggen: 'Kom tot Christus.' Het ging niet om theologie. Het ging over de vleeswording. Hij wilde dat ik de werkelijkheid zou tonen van een Vader, die zoveel van de wereld houdt dat Hij alles van

Zichzelf gaf. Deze mensen waren allen Zijn verloren zonen, naar wie Hij Zijn armen uitstak. Er was zeker meer voor deze mannen.

Het was duidelijk dat de mensen van de nazorg hen wel over de Zoon zouden vertellen, over Jezus, die Zijn leven heeft gegeven om hen zo bij de Vader te brengen. Maar dat was niet de eerste stap. De eerste stap is de liefde zelf leren kennen en ervaren. Aangetrokken worden door de liefde. Dat is de liefde die het verstand te boven gaat. Dat is de liefde die geen regels en grenzen kent. Het is de liefde die van de Vader Zelf komt. Zijn liefde voor Zijn kinderen en Zijn liefde voor de wereld die Hij geschapen heeft. Elk geslacht op de aarde wordt genoemd naar de Vader (Efeze 3:15). Of zij Hem nu kennen of niet, Hij weet wie zij zijn. Misschien weten zij niet wie Hij is, maar Zijn liefde overstijgt alle kennis en Hij kent hen. Juist daarvoor is Jezus gestorven, opdat wij Zijn alles overtreffende liefde zouden leren kennen.

Het is mijn gebed voor mijzelf, dat ik naar mensen ga kijken met de ogen van liefde. Mijn verlangen is, dat ik hen zal zien vanuit het gezichtspunt van de Boom van Leven, dat ik hen zal zien met de ogen van de Vader. Toen Jezus op deze aarde was ging Hij tegen zoveel bestaande regels in, omdat die louter wettisch waren. Dat vind ik zo mooi aan Hem. Voor Jezus omvatte de wet van liefde alles en steeg ze uit boven de onbeduidende regels waar mensen door gebonden werden. Net zo goed als Koning David de euvele moed had zijn hongerlijdende troepen van voedsel te voorzien door het Heiligdom binnen te stappen en zichzelf en hen tegoed te doen aan het gewijde toonbrood (I Samuel 21:1-6). Hij had er geen moeite mee het heilige brood aan zijn vrienden uit te delen. Jezus prees hem daarvoor. (Mattheüs 12:3-4). 'God houdt ervan als wij tegen de regels ingaan!' riep ik een keer naar James toen ik dat las. James reageerde: 'Ik denk niet dat de Bijbel dat bedoelt.' Wij lachten erom, maar het punt waar het mij om ging was dat Jezus David prees, omdat hij het welzijn van zijn vrienden stelde boven de voorschriften van de tempel. De tekst in Mattheüs 12 gaat in feite nog verder. Natuurlijk had James een geldig punt, maar ik probeer dit perspectief te benadrukken. De wet van liefde is het belangrijkste principe in het universum. Ze bekijkt de dingen vanuit een gezichtspunt van relatie in plaats vanuit steriele functionaliteit of louter dogma.

God roept ons in Zijn liefde, die alles verandert. Wij kunnen naar Hem toe komen en wandelen in deze liefde die alle verstand te boven gaat. Wij kunnen haar breedte overspannen, haar lengte afreizen, tot haar hoogte opstijgen en tot haar diepte afdalen. De liefde van de Vader, die in Christus Jezus is, is uitgestort door de Heilige Geest, die liefde gaan wij binnen. Toen God tegen mij zei: 'Ik leg een nieuw fundament van liefde in Mijn kerk, had Hij het hierover. Dit is Hij nu op aarde aan het doen. Het beperkt zich niet tot een groep of beweging – het gebeurt overal. Er vormt zich een tsunami van liefde in de oceaan, die aan kracht aan het toenemen is. Er vindt een ondergrondse beweging plaats, die de gemiddelde toeschouwer niet meteen opvalt. Als de golf aankomt, zal zij over ons allen uiteenspatten. Deze golf, de tsunami, is de liefde van de Vader. Zij is onvermijdelijk en zal aanhouden, omdat zij vanuit Zijn hart komt.

Het meest opmerkelijke aan mijn ervaring met de wolk was, dat het een ongekende ervaring was, vol van liefde en openbaring, en er was zoveel wonderbaarlijke activiteit van de Geest aanwezig in de zaal...en toch... wij bevonden ons niet in de wolk.

Ik zal dat herhalen. Wij zaten niet in de wolk. Ik observeerde die wolk, terwijl zij langzaam van achterin de zaal begon te bewegen, als een nevel die langs de muur sijpelde maar ons nog niet had omgeven.

Wat mij heel erg trof was dat de liefde in die ruimte was — maar wij zaten er nog niet in! Er gebeurden zoveel wonderlijke dingen – en toch bevonden wij ons buiten de wolk. Op zijn best bevonden wij ons aan de buitenrand van de wolk van liefde, maar we waren nog niet eens begonnen om haar binnen te gaan. We ervoeren op een ongelofelijke manier Zijn tegenwoordigheid en Zijn wezen, maar wij konden er niet in binnengaan, omdat wij niet sterk genoeg waren. We moesten gesterkt worden in onze innerlijke mens, zodat wij de liefde konden kennen. Onze geest moest uitgerekt worden, om in staat te zijn ook maar een druppel van Zijn liefde te kunnen bevatten.

Dit is het proces, waarnaartoe God ons nu heeft geleid. Het is het proces dat wij in ons innerlijk gesterkt worden, zodat wij in staat zullen zijn de liefde te bevatten. Sommigen van ons staan nog maar aan het begin. Als pasgeboren baby's zijn wij aan het leren hoe je moet drinken, druppel voor druppel, beetje bij beetje. Af en toe krijgen we iets binnen, net zoveel als ons hart aankan, maar daarna raken wij weer uitgedroogd en krijgen wij dorst. Als wij op die plek blijven van hongeren en dorsten en naar Hem verlangen, ontdekken wij wat het is om in Hem te leven en gevoed te worden door Zijn leven.

7 | De Liefde Ontvangen
Een meditatie

Als er één werkelijkheid is waar ik zeker van ben, dan is het dit wel – Vader wil op een zeer tastbare manier naderbij komen, tot ons allen. Hij wil binnenkomen in de diepste regionen van ons hart. Hij wil dat wij gegrond en geworteld zijn in de vruchtbare aarde van Zijn voedende liefde. Het is altijd al Zijn bedoeling geweest, dat wij geworteld en gegrond zouden zijn in deze ware, voedzame liefde, om die te bezitten en daarin te leven. Hij kent je. Hij weet meer over jou, dan jij zelf weet. Dingen die jij al vergeten bent, herinnert Hij Zich. Hij heeft jou gezien. Hij heeft de baby, het jonge kind, horen huilen in het donker, toen er niemand op reageerde om het gerust te stellen en te troosten.

Hij heeft de eenzaamheid gezien. Hij zag al die keren dat je thuiskwam uit school en dat je verlangde naar liefdevolle armen om je heen, die je zouden binnentrekken in de veilige thuishaven. Toen je woorden wilde horen die leven over je zouden uitspreken, toen ze je hadden geplaagd, getreiterd en gekleineerd, of in de gaten hadden dat iets jou niet was gelukt. Hij heeft ernaar verlangd dat je thuis zou komen, op de plek waar armen waren die jou vast wilden houden, met een glimlach die zei: 'Jij bent de beste!'

Hij heeft dat allemaal gezien en Hij weet hoezeer jij Hem nodig hebt. Hij weet hoeveel jij de koesterende liefde van een moeder nodig hebt.

Waar jij je op dit moment bevindt, kun je je ontspannen en dat kleine kind worden. Doe dat zoveel als je kunt, ontspan je gewoon en wees een klein kind. Binnenin ons allen is een kleine jongen of een klein meisje, dat er echt naar snakt geliefd te zijn. Op dit moment, waar je nu bent heb je hier toegang toe en kun je het ontvangen. Je kunt op die plek van rust en vrede zijn.

Koning David zei in Psalm 131: 'Ik heb mijn ziel tot rust en tot stilte gebracht, zoals een gespeend kind voldaan ligt aan de borst van zijn moeder.' Het woord gespeend, betekent niet dat het kind niet meer aan de borst gaat; het wil zeggen dat het kind genoeg heeft gedronken en voldaan is, verzadigd, zodat het bij wijze van spreken 'dronken' is van de moedermelk. Ondanks alle verantwoordelijkheden van het koningschap was David in staat op een plek te komen van rust, in de armen van God.

De apostel Paulus had een fundament van troost in zijn leven. Na zijn bekering, op de weg naar Damascus, bracht hij drie jaar door in de woestijn van Arabië. Ik denk dat hij daar leerde de troost van de Vader te ontvangen. Eén ding kan je van religieuze fanatiekelingen zeggen (en dat was Paulus ongetwijfeld geweest) en dat is, dat zij nog nooit troost hebben ontvangen. In zijn tweede brief aan de Korintiërs begint Paulus met het prijzen van de 'God en Vader van de Heer Jezus Christus', die hij beschrijft als: 'de God van alle vertroosting.' Hij vervolgt met te vertellen hoe hij vertroost is geworden door die liefde, zozeer dat het overstroomde naar anderen toe. Dat beïnvloedde zijn hele leven en bediening, die allebei gekenmerkt werden door zachtmoedigheid: '...als een moeder die voor haar kinderen zorgt.' Uit ervaring kende Paulus het moederhart van God, dat in ruime mate zichtbaar was in zijn eigen leven.

Beste vriend, de Heilige Geest zal je tegemoet komen in je nood en je helpen de realiteit van de Vader te ervaren. Wij weten dat we vreselijk tekort komen. Wij weten diep van binnen dat wij iets missen. Wij voelen ons zo ontoereikend. De meesten onder ons hebben er zo'n behoefte aan gehad, dat we 's nachts in de armen genomen zouden worden. Ons hart verlangde er zo naar de stem van onze moeder te horen, terwijl zij zacht een slaapliedje voor ons zong. Wat zou dat een verschil hebben gemaakt!

Hadden wij maar een moeder gehad, die niet kapot gemaakt was door wat er in haar leven is gebeurd. Een moeder die vertederende woorden had kunnen zingen voor ons – die onze tranen had kunnen wissen. Al hadden wij alleen maar een moeder gehad die had gezegd: 'Jij bent geborgen, veilig. Ik zal je zachtjes vasthouden.' Al had je alleen maar haar zachte huid kunnen voelen en de warmte van haar tedere liefde, en de zoete geur van haar adem kunnen inademen.

ᴂ

Vader komt naar ons toe, geliefde. Hij komt als een tedere moeder. Er is geen veroordeling in Hem. Hij heeft gezien waar wij mee hebben geworsteld en de verleidingen die wij hebben moeten weerstaan. Hij kent de diepgewortel- de gevoelens van schaamte in ons hart, vanwege wie wij zijn en de dingen die wij niet van ons af kunnen schudden.

Hij begrijpt het, en wil nu tot ons komen om een moeder voor ons te zijn. Hij is Degene met de borsten! Hij kijkt ons diep in de ogen – door het venster van de ziel, tot in het diepste punt in ons binnenste. Hij stort Zijn vloeibare liefde diep in onze ziel uit. Hij glimlacht naar ons en wij horen Hem zeggen: 'Je bent volmaakt. Volmaakt! Jij mankeert niets, Mijn geliefde kind.' Hij fluistert naar ons dat wij welkom zijn en dat wij Hem zo dierbaar zijn.

Dierbare vrienden, wij zijn de vreugde van Zijn hart. Er zijn geen grenzen aan Zijn liefde voor jou. Er zijn helemaal geen grenzen. Alle grenzen zijn verdampt, omdat Hij vastbesloten is ons levenslang lief te hebben. Laat de vrede stromen als een rivier – rust uit waar geen rust is geweest. Breek vrij van je angst voor liefde. Velen zijn bang geweest alleen al bij de gedachte dat zij geliefd waren, omdat zij het gelijkstellen aan verstikt raken, niet meer kunnen ademhalen. Als dat voor jou geldt, kan ik je verzekeren dat wat jij dacht dat 'liefde' was, niet de zuivere liefde van de Vader was. Jij bent geschapen om bemind te worden – niet om verstikt te raken. Jij werd geschapen om vrijgezet te worden in liefde. De liefde van de Vader zet je vrij. Jezus heeft je vrijgezet om grenzeloos vrij te zijn, in de liefde van de Vader.

Sommige mensen zijn nooit in staat geweest hun hart open te zetten en te vertrouwen, maar Vader geeft ons het vermogen te vertrouwen. Het zwarte gat van verlatenheid en eenzaamheid wordt nu een veilig vangnet, waar je in mag vallen.

Kom aan de borst van El Shaddai. Als jij nooit aan de borst hebt gelegen, mag je op die plek komen die koning David zo goed heeft gekend – de plek van kwetsbaarheid en sterkte. Dat klinkt misschien als een paradox, maar in de liefde van de Vader bestaan kwetsbaarheid en sterkte vreedzaam naast elkaar, zonder enige spanning. In feite is er geen echte sterkte zonder kwetsbaarheid. Kwetsbaarheid zet de deur open voor de versterkende voeding van de Vader.

De Vader kan in ons het vermogen geven om de liefde te ervaren die ons verstand te boven gaat – de liefde die groter is dan alle kennis – de liefde die dieper is dan de diepste oceaan, hoger dan de hoogste berg – tot ver boven de wolken. De Vader heeft ons de genade gegeven om in Hem te geloven.

Hij heeft ons de genade gegeven om op die plek in Zijn hart te komen, die open staat voor ons.

Zoals een kleine baby hulpeloos in de armen van de moeder ligt, zo wil Hij dat wij bij Hem zijn – zodat wij Zijn melk kunnen drinken en gevoed kunnen worden en leven kunnen ontvangen.

ʘʀ

Vader is hier! Hij zegt: 'Ik heb jou geschapen om te kunnen leven, er te zijn, erbij te horen, deel uit te maken van Mijn schepping. Ik heb jou geschapen om deel uit te maken van Mijn gezin, zodat jij één kunt zijn met Mij. Ik roep je tot leven. Ik roep terug door de geslachten heen. Ik roep terug tot voorbij degenen die Mij de rug hebben toegekeerd, die zeiden: 'In zo'n God kan ik niet geloven!' Ik roep terug tot voorbij dat geslacht, opdat het leven in Christus door zal kunnen breken. Een ander leven! Een leven uit een andere Bron! Een leven dat groter is dan het aardse leven. En dat leven roept naar jou: 'Mijn dochter, Mijn zoon!' Groter dan welke realiteit dan ook op aarde, is dit het leven waartoe Ik jou roep. Leef! Leef!'

Er zijn er die verworpen zijn en in de steek gelaten werden. Er zijn er die – zelfs voordat hun bewustzijn de gelegenheid had te begrijpen wat het deed – wiens geest zei: 'Ik wil je niet!' Sommigen hebben een diepe verlatenheid meegemaakt. De Vader zal komen en je de genade geven die eerder niet aanwezig was. Hij zal genade geven aan die personen die het onvermogen van hun moeder om lief te hebben en hen welkom te heten hebben afgewezen, en die op hun beurt zeiden: 'En ik moet U ook niet!' Vader ziet ons en Hij komt eraan! De profeet Ezechiël zegt in hoofdstuk 16:4-7:

'Wat uw geboorte betreft, op de dag dat u geboren werd, werd uw navelstreng niet afgesneden, werd u niet met water schoongewassen, werd u ook niet met zout ingewreven, en al helemaal niet in doeken gewikkeld. Geen oog zag naar u om, om een van die dingen uit bewogenheid met u te doen.'

De Vader wil heel diep terug gaan naar dat moment van de geboorte. Hij wil je zegenen in dat specifieke moment van je behoefte.

'Maar in plaats daarvan werd je weggeworpen op het open veld, uit afschuw voor je leven op de dag dat je geboren werd.'

Er is sprake geweest van een leugen die diep in het hart is binnengedrongen, meteen nadat je geboren werd, zelfs al vanaf het moment dat je verwekt werd. Er zijn mensen die instinctief weten dat ze niet gewenst waren en verworpen werden.

'Toen Ik voorbij kwam, zag Ik u trappelend in uw bloed en Ik zei tegen u in uw bloed: 'Leef!' Ik heb u even overvloedig gemaakt als het gewas op het veld. U groeide op. U werd groot en u kwam tot grote schoonheid. Uw borsten werden stevig, uw haar groeide, maar u was naakt en bloot.'

Er is zoveel schaamte geweest rondom jouw hele bestaan, zelfs ten aanzien van je hele wezen, maar Hij komt voorbij en zegt: 'Leef!' Zijn liefde roept jou naar een nieuw leven. Het woord voor jou is: 'Leef!'

Zovelen zijn er zich van bewust dat zij naakt en bloot zijn, en hebben hun best gedaan om zich te verstoppen. Zij hebben veel dingen geprobeerd om hun naaktheid en schaamte te bedekken.

Hij is naar ons toegekomen als moeder, om deze 'kleine' op de arm te dragen en haar diep in de ogen te kijken, zodat zij de glimlach zou kennen die uit Zijn hart komt. Hij is de Vader van Leven, die ons doet leven. Alle leven komt voort uit Hem en Hij is hier om een moeder voor ons te zijn, om ons te voeden, om ons in de volheid van leven te brengen die Hij heeft – het leven dat Hij voor ons heeft beschikt, vóór de grondlegging van de wereld. Hij is als een moeder die huilt over haar kinderen, die huilt omdat zij haar liefde en zorgzaamheid niet kennen en die huilt omdat zij het niet kunnen ontvangen.

⅓

Niemand heeft de liefde van een moeder zoals Vader God. Hij brengt ons in de realiteit van ergens thuishoren. Hij komt met het zwaard van de Geest naar de diepe, verborgen plek van verlatenheid. De moeder staat op met een moederlijke vastberadenheid en bescherming. Als een leeuwin of berin, zo woedend is zij over wat dit kind, van wie zij zo zielsveel houdt, is aangedaan. Met dat zwaard wordt de kwelling weggesneden en worden de leugens doorgehakt – om zo de kracht van die leugen dat jij niet welkom bent, dat je geen bestemming hebt, dat je niet het recht hebt om er te zijn, teniet te doen.

Jezus is gekomen om je een overvloedig leven te geven. Hij is gekomen om je de realiteit van dit troostrijke hart te doen leren kennen. Deze moederliefde die over Jeruzalem zingt, die met vreugde over jou zingt. Geen enkele leugen is sterk genoeg om stand te kunnen houden tegen dit leven, tegen deze liefde! Noch hoogte, noch diepte, noch dingen die nog zullen gebeuren, noch dingen uit het verleden, geen engel of demon zal jou kunnen scheiden van deze liefde in Zijn moederhart, want daar hoor je thuis.

Je werd verwekt, en groeide in de baarmoeder voordat je wedergeboren werd. Jij was in de schoot van de Geest, verwekt in liefde, gevoed en toen wedergeboren in een leven waar geen duisternis is. Er is geen stamboom op deze wereld die krachtiger is dan de stamboom waarop jij bent geënt in Christus.

Van zoveel mensen, zowel bij mannen als bij vrouwen, is de vrouwelijkheid ontnomen. Er is niemand geweest die hen tot leven heeft geroepen, niemand die hen in de ogen heeft gekeken en zei: 'Ik houd van je. Jij bent het belangrijkste en kostbaarste geschenk. Jij bent het grootste wonder dat ik ooit heb gezien.'

ᴄᴙ

God geeft op dit moment Zijn liefde aan jou, Hij heet je welkom in het leven. Op dit moment is Vader God bij je met Zijn moederlijke liefde. Kleine oogjes die nog niet eerder licht hebben gezien beginnen te knipperen. Als een baby net is geboren gaan zijn kleine oogjes open bij helder licht. Ze gaan maar een seconde open en dan sluiten ze zich weer en dan gaan ze weer open. Zij raken gewend aan het licht en kijken om zich heen. Vervolgens nestelen zij zich tegen de borst van de moeder en vanaf die plek is het enige dat zij kunnen zien de ogen van de moeder die hen aankijken en zien hoe volmaakt zij zijn.

Vader zegt: 'Jij bent volmaakt!' Zijn moederliefde is grenzeloos en er komt geen einde aan. Wij hoeven er niets voor te doen dan alleen maar 'te zijn'. Je hoeft alleen maar 'te zijn', omdat je volmaakt bent zoals je bent. Hij is naar onze eenzame nachten toe gekomen en naar die momenten dat er binnenin je en om je heen sprake was van geweld. Hij is hier om ons te bemoederen en te troosten. Hij is onze Trooster. Hij is niet zomaar een vertrooster, Hij is dé Trooster, die Zijn liefde in ons uitgiet, die Zijn lied over ons zingt en ons naar die nieuwe plek brengt, die diepe plek waar we ons nooit thuis hebben durven voelen. Vol liefde brengt Hij ons daar.

Wij kunnen naar Hem opzien als wij op die plek van de nieuwe geboorte komen, als het ware. We kunnen opzien en die brede glimlach zien, die zegt: 'Je bent zo mooi. Mijn hart breekt door jouw schoonheid en de volmaaktheid die Ik zie. In Mijn ogen ben jij volmaakt en zonder enig gebrek.'

☙

Geliefde, het is mooier dan wij ooit hebben durven dromen! Hij giet vloeibare liefde uit in de plaatsen die zo koud waren. Zijn moederliefde is zo diep, en gaat naar ons diepste binnenste. Diepte die roept tot diepte.

Hij neemt elke angst weg. De angst om geliefd te zijn is zo'n diepe angst. Gelukkig is Hij de Minnaar van onze ziel. Zijn liefde verwijdert elke angst die ons zo kwetsbaar heeft gemaakt voor pijn. Zijn liefde komt juist naar die plek, waar wij ons hart hebben opengesteld voor liefde en waar wij verworpen werden. Juist naar die plek van pijn en verwerping komt Zijn liefde. Waar ons vertrouwen werd beschadigd, daar brengt Hij herstel.

Zijn liefde is teder en vol bewogenheid. Ze is als een diepe, onpeilbare oceaan, zo is de moederliefde van God! Zijn liefde is zo krachtig en tegelijkertijd zo zacht en teder, zo voortreffelijk. Ze heeft een hartverwarmende glimlach, die de kilte in je hart doet smelten.

Zijn troostende liefde zorgt voor een diepe reiniging van plekken waar verontreiniging heeft plaatsgevonden, waar wij op zoek waren naar liefde op de verkeerde plaatsen. Zijn liefde bedekt die allemaal. Ze reinigt en heelt en maakt nieuw. Ze doet de woestijn ontspringen en besproeit de dorre plaatsen. Nieuw leven, nieuwe groei, nieuwe vreugde! Alles is nieuw geworden! Wij hebben een vreugde die geworteld is in het besef dat Hij ons nooit zal verlaten. Nooit!

Wij zijn geboren in een liefde zonder grenzen, die oneindig veel groter is dan welke aardse liefde dan ook. Liefde zonder grenzen en beperkingen. God zal altijd van jou houden! Vader heeft altijd van je gehouden en dat zal Hij altijd blijven doen. Zijn liefde en vrede zullen stromen als een rivier – een diepe doordrenking, die genoeg is voor een hele stad, genoeg voor een heel volk! Die liefde kan je nu ontvangen!

Literatuurlijst

Bushnell, Katharine C. God's Word to Women, Reprint. Ed. Eagle Lake, TX: GWTW Publishers, 2004.

Cantalamessa, Raniero. Life in Christ: A Spiritual Commentary on the Letter to the Romans, Collegeville, MN: The Liturgical Press, 1990.

Guyon, Madame Jeanne. Union with God, Reprint Ed. Goleta, CA: Christian Books, 1981.

Hyatt, Susan C. In the Spirit We're Equal: The Spirit, The Bible and Women — A Revival Perspective, Tulsa OK: Hyatt Press, 1998.

John Paul II, Pope. The Theology of the Body: Human Love in the Divine Plan, Boston, Pauline Books and Media, 1997.

Johnson, Darrell W. Experiencing the Trinity, Vancouver: Regent College Publishing, 2002.

Kreeft, Peter. C S Lewis for the Third Millennium, San Francisco: Ignatius Press, 1994.

Kreeft, Peter. Heaven: The Heart's Deepest Longing (Expanded Edition), San Francisco: Ignatius Press, 1989.

Kristof, Nicholas D. & Wudunn, Sheryl. Half the Sky: How to Change the World, London: Virago Press, 2010.

Lake John G. The Complete Collection of His Life Teachings (complied by Roberts Liardon), New Kensington, PN, Whitaker House, 1999.

Lewis, C.S. A Grief Observed, London: Faber and Faber, 1961.

Lewis, C.S. Perelandra, Reprint Ed. London: Harper-Collins Publishers, 2005.

Lewis, C.S. The Four Loves, Reprint Ed. London: Fount, 1998. Lewis,

C.S. The Weight of Glory and Other Addresses, Reprint Ed. New York: HarperCollins, 2001.

Nee, Watchman. The Glorious Church: God's View Concerning the Church, Anaheim, CA: Living Stream Ministry, 1993.

Nouwen, Henri J.M. The Inner Voice of Love: A Journey Through Anguish to Freedom, New York: Doubleday, 1996.

Tournier, Paul. The Gift of Feeling (Translation of: La Mission de la Femme), Atlanta, GA: John Knox Press, 1979.

Tournier, Paul. What's in a Name? (Translation of: Quel nom lui donnerez-vous?), London: SCM Press Ltd., 1975.

Vanier, Jean. Becoming Human, Toronto: House of Anansi Press Ltd., 1998.

Vanier, Jean. Community and Growth (English Edition), Sydney: St. Paul Publications, 1979.

Vanier, Jean. Man and Woman He Made Them (English Edition), Sydney: St. Paul Publications, 1985.

Een uitnodiging...

Als u heeft genoten van dit boek nodigen wij u graag uit om naar een Fatherheart Ministries 'A' School te komen. Fatherheart Ministries 'A' scholen zijn een week lange omgevingen van de openbaring van liefde.

De twee doelen van een 'A' school zijn:

1. Om je de gelegenheid te geven voor een grootse persoonlijke ervaring van de liefde die God de Vader voor jou heeft.

2. Om je het sterkste Bijbels begrip mogelijk te geven van de plaats van de Vader in het christelijke leven en wandel.

Tijdens de school maak je kennis met het volledige perspectief van de openbaring van de liefde van de Vader. Door onthullende inzichten en sterk Bijbels onderwijs verteld door de levens van diegenen die bedienen wordt je blootgesteld aan een transformerende boodschap van Liefde, Leven en Hoop.

Je krijgt de gelegenheid om de voornaamste blokkades te verwijderen die je hinderen de liefde van de Vader te ontvangen en je hart te ontdekken als een ware zoon of dochter. Jezus had het hart van een zoon naar Zijn Vader. Hij leefde in de aanwezigheid van de liefde van de Vader. Het evangelie van Johannes verteld ons dat alles wat Hij zei en deed was wat Hij de Vader zag en hoorde doen. Jezus nodigt ons uit om die wereld binnen te gaan als broeders en zusters van Hem, de eerstgeborene.

Evenals we ons hart openen vult Vader ons hart met Zijn liefde door de Heilige Geest. In een hart getransformeerd door Zijn liefde kan ware en blijvende verandering plaatsvinden. Na jaren van streven en doelgedrevenheid vinden velen eindelijk de weg terug naar huis, een plaats van rust en toebehoren.

Om je aan te melden voor een 'A' school ga naar
www.fatherheart.net

Fatherheart Media

Deze Nederlandse uitgave van het boek kan direct besteld worden via de (christelijke) boekwinkel en rechtstreeks bij uitgeverij Scholten in Zwolle onder de titel 'Het Hart van een Zoon' (ook verkrijgbaar in het Nederlands op Amazon en Kindle). Meer informatie en bestellen kan ook via de website www.fatherheart.eu.

De originele uitgave van dit boek in het Engels en ander materiaal van Fatherheart Ministries zijn te krijgen bij:

www.fatherheart.net/shop - Nieuw Zeeland

www.fatherheartmedia.com - Europa

www.amazon.com - Paperback & Kindle versies

FATHERHEART MINISTRIES

PO BOX 1039

Taupo, New Zealand 3330

Visit us at www.fatherheart.net